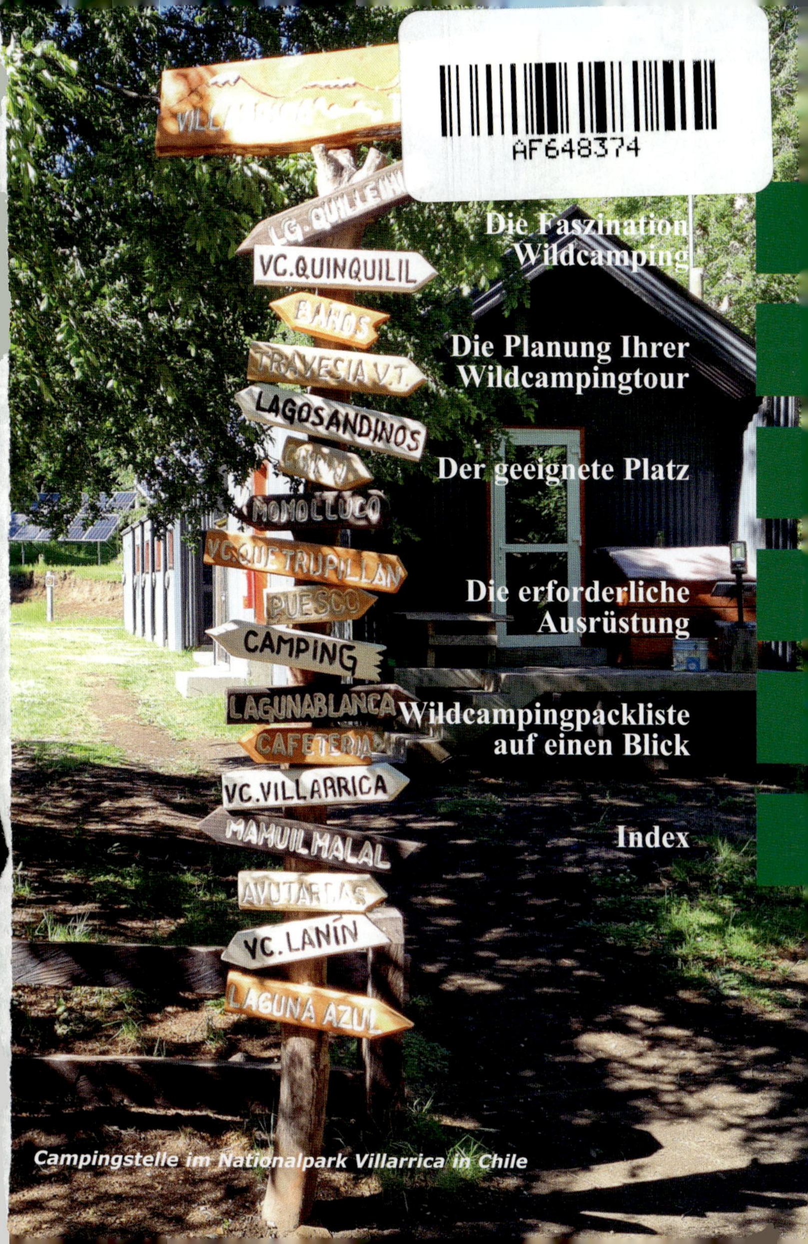




*Campingstelle im Nationalpark Villarrica in Chile*

AF648374

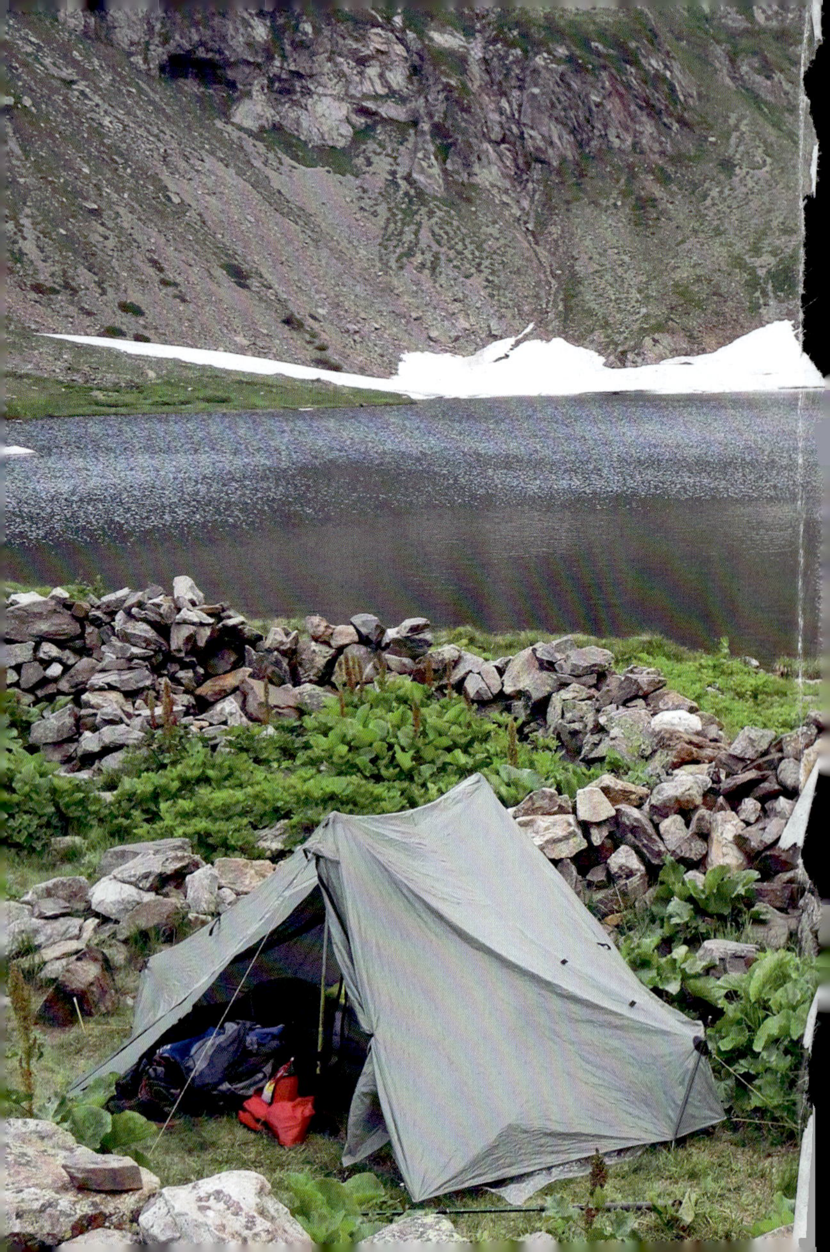

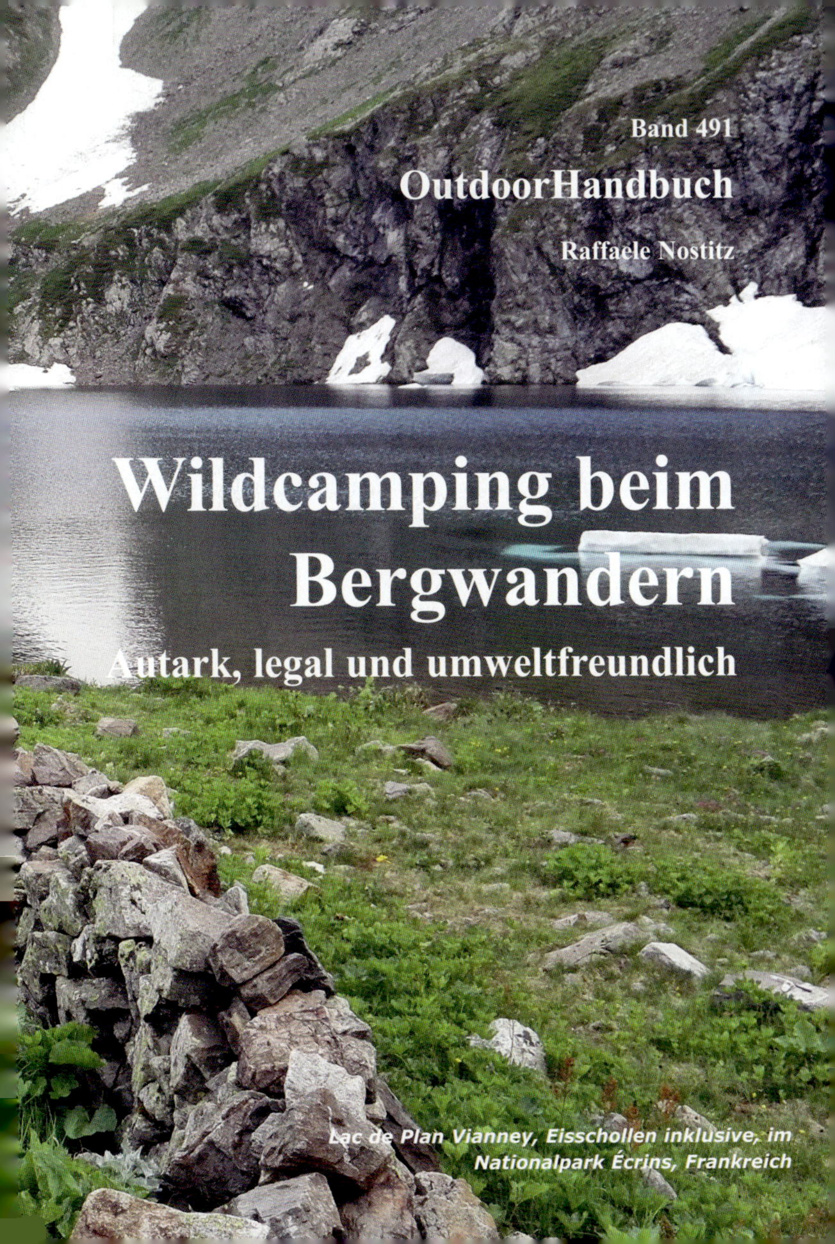

Band 491

OutdoorHandbuch

Raffaele Nostitz

# Wildcamping beim Bergwandern

## Autark, legal und umweltfreundlich

*Lac de Plan Vianney, Eisschollen inklusive, im Nationalpark Écrins, Frankreich*

# Wildcamping beim Bergwandern

Dieses OutdoorHandbuch wurde konzipiert und redaktionell erstellt vom:

Conrad Stein Verlag GmbH
Kiefernstr. 6, 59514 Welver
☏ 023 84/96 39 12
info@conrad-stein-verlag.de
www.conrad-stein-verlag.de
www.facebook.com/outdoorverlag
www.instagram.com/outdoorverlag

Der Nachdruck, die Übersetzung, die Entnahme oder Kopie von Texten, Karten, Abbildungen und Symbolen sowie die Verwertung auf elektronischen Datenträgern, die Einspeicherung in Medien wie Internet (auch auszugsweise) sind ohne vorherige schriftliche Genehmigung des Verlags unzulässig und strafbar.

Copyright Conrad Stein Verlag GmbH. Alle Rechte vorbehalten.

**Klimaneutral** Druckprodukt
ClimatePartner.com/53106-2303-1006

Als Outdoor-Verlag sind uns der Schutz und die Erhaltung der Natur seit jeher ein besonderes Anliegen. Auch in Sachen Klimaschutz haben wir eine Vorreiterrolle inne: Wir sind der einzige Buchverlag in Deutschland, der bereits seit 2008 seine Bücher konsequent klimaneutral in Deutschland produzieren und transportieren lässt. Dabei wird nicht nur klimaneutral, sondern auch nachhaltig, d. h. so umweltschonend wie möglich produziert, z. B. durch die Auswahl von umweltfreundlichen Materialien. Die bei der Produktion der Bücher entstandenen $CO_2$-Emissionen werden durch die Unterstützung von zertifizierten Klimaschutzprojekten ausgeglichen. Jedes Buch wird daher mit dem Logo „klimaneutral" und einer Climate-Partner-Zertifikatsnummer versehen. Mithilfe dieser Nummer können Sie unter www.climatepartner.com Informationen zu der eingesparten $CO_2$-Menge und dem Projekt finden, das mit der Abgabe gefördert wird.

Das Engagement des Conrad Stein Verlags wurde im Rahmen des Projekts „Klimaneutraler Buchverlag" mit dem Westenergie Klimaschutzpreis 2022 ausgezeichnet.

OutdoorHandbuch Band 491

ISBN 978-3-86686-776-5 1. Auflage 2023

Text und Fotos: Raffaele Nostitz
Lektorat: Anna-Lena Ebner
Layout: Alexandra Sauerland

Gesamtherstellung: AZ Druck und Datentechnik GmbH, Kempten

Dieses OutdoorHandbuch hat 96 Seiten mit 40 farbigen Abbildungen.

Alle Informationen, schriftlich und zeichnerisch, wurden nach bestem Wissen zusammengestellt und überprüft. Sie waren korrekt zum Zeitpunkt der Recherche. Eine Garantie für den Inhalt, z. B. die immerwährende Richtigkeit von Preisen, Adressen, Telefonnummern und Internetadressen, Zeit- und sonstigen Angaben, kann naturgemäß von Verlag und Autor – auch im Sinne der Produkthaftung – nicht übernommen werden.

Autor und Verlag freuen sich über Ihr Feedback. Schreiben Sie Ihre Tipps und Verbesserungen an info@conrad-stein-verlag.de oder nutzen Sie unsere Social-Media-Kanäle. Bitte nennen Sie dabei Titel, Auflage und Seitennummer.

Dieses Buch ist im Buchhandel und in Ausrüstungsläden erhältlich und kann im Internet oder direkt beim Verlag bestellt werden.

Titelfoto: Traumhaftes Biwak im Naturpark Posets-Maladeta,
spanische Pyrenäen

# Inhalt

**Besuchen Sie uns doch einmal auf unserer Homepage.**

Dort finden Sie ...

*... aktuelle Updates zu diesem OutdoorHandbuch und zu unseren anderen Reise- und OutdoorHandbüchern,*
*... Zitate aus Leserbriefen und Pressestimmen,*
*... interessante Links,*
*... unser komplettes und aktuelles Verlagsprogramm, auch zum Download.*

**www.conrad-stein-verlag.de**

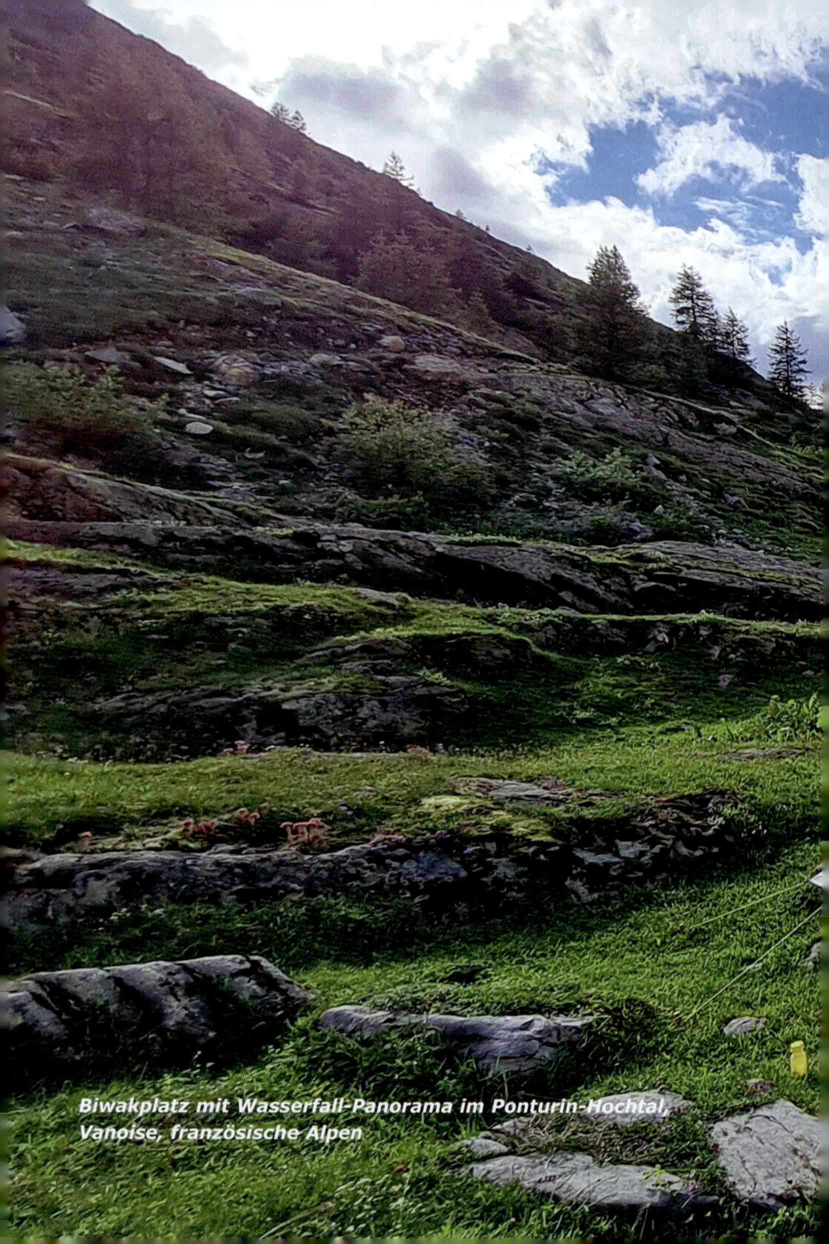

Biwakplatz mit Wasserfall-Panorama im Ponturin-Hochtal, Vanoise, französische Alpen

# Die Faszination Wildcamping

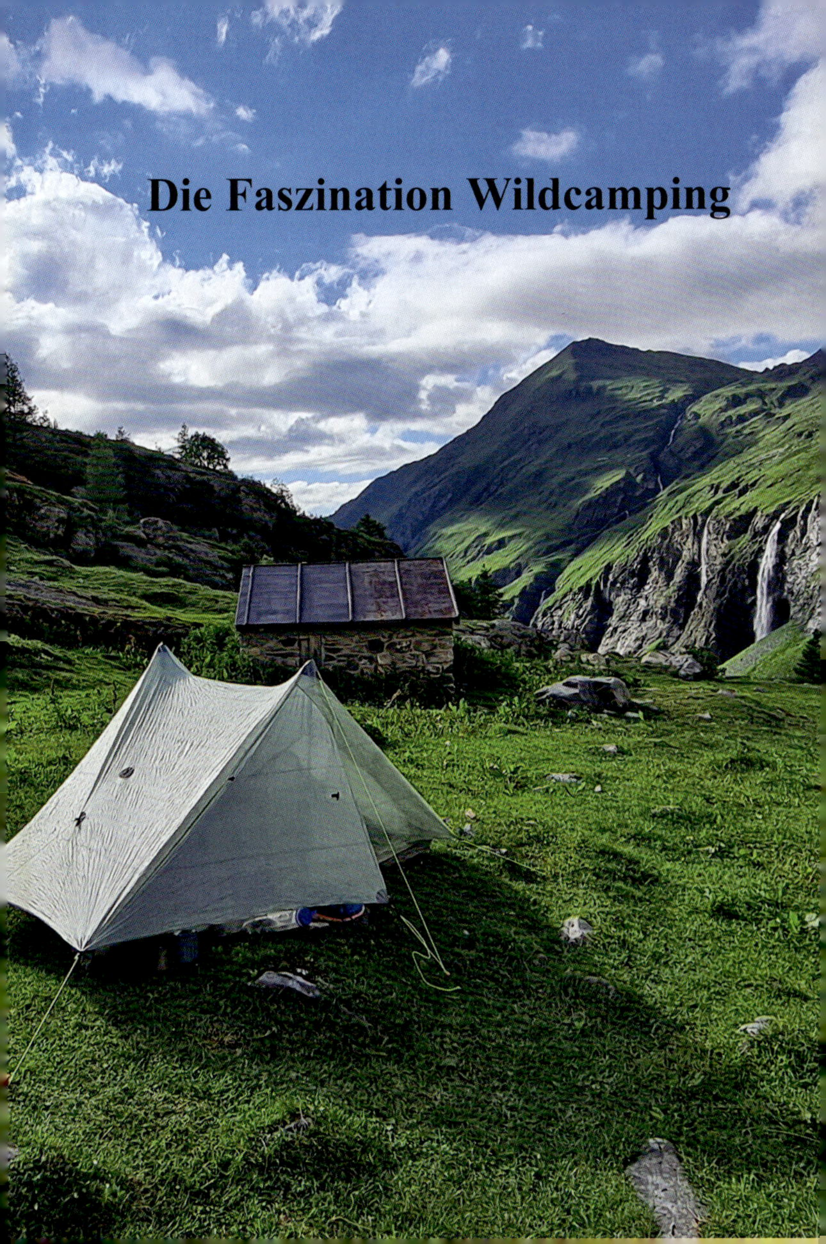

Meine erste Begegnung mit dem Thema Wildcamping war nicht ganz freiwillig. Im Jahr 2014 absolvierte ich den Fernwanderweg GR 221 auf Mallorca, besser bekannt als Trockenmauerroute. Sie führt durch die Serra de Tramuntana, ein schönes Mittelgebirge mit Meerblick. Eine der Hütten war jedoch wegen Renovierung geschlossen, sodass ich mit meiner Begleitung eine selbst organisierte Übernachtung in der freien Natur planen musste.

Die Aufregung war groß und ich war im Vorfeld auch ein bisschen nervös in Anbetracht dieses Unterfangens. Würde es gut gehen? Mit großem Eifer organisierten wir uns ein leichtes Zelt, das sich über die Trekkingstöcke aufspannen ließ, sowie Schlafsack, Isomatte und einen kleinen Campingkocher für die Verpflegung.

Wir wussten im Vorfeld nicht, wo genau wir übernachten würden. Klar war nur, dass wir eine Wasserstelle brauchten, um etwas zu trinken zu haben und uns nach einem schweißtreibenden Wandertag waschen zu können. Auf der Wanderkarte suchten wir nach Quellen und landeten dann bei der Prat-Quelle.

Vor Ort dann war die Erleichterung schon mal groß, denn die Quelle konnten wir dank super Ausschilderung bei Einbruch der Dämmerung leicht finden. Mein erstes Wildcamping-Lager war auch ansonsten perfekt: Die Quelle, geschützt von einer kleinen Steinmauer, versorgte uns mit köstlichem Wasser und sorgte für eine eiskalte und erfrischende Flaschendusche. In nächster Nähe der Quelle gab es viele flache Stellen im Wald, wo wir unser Zelt einfach aufstellen und gut im weichen Erdboden mit Heringen fixieren konnten. Der Wald schützte uns auch etwas vor den kalten Nachtwinden. Vorgängerinnen und Vorgänger hatten eine schöne Feuerstelle aus Steinen errichtet, in der wir unseren Campingkocher windgeschützt schnell zum Laufen brachten, um uns eine warme Tütensuppe zuzubereiten.

Da die Route damals schon extrem beliebt war, suchten auch einige andere Leute wegen der geschlossenen Hütte nach einem guten Nachtlager und fanden sich nach und nach an der Quelle ein. Spätabends waren wir dann eine kleine Gruppe, die sich an diesem wildromantischen Plätzchen für die Nacht vorbereitete, teils mit Zelt, teils auch nur mit Schlafsack und Isomatte biwakierend. Es kam so etwas wie ein tolles Gemeinschaftsgefühl unter uns wild campenden Abenteuerinnen und Abenteurern auf.

Die Nacht auf Mallorca war dann vor allem: absolute Stille und Dunkelheit. Eine so intensive Nachtstimmung hatte ich vorher noch nie erlebt. Das Naturerlebnis wirkte später noch sehr intensiv nach und schon bald plante ich voller Vorfreude mein nächstes Wildcampingabenteuer.

Im Nachhinein bin ich recht amüsiert von meinen damaligen Sorgen vor meiner ersten Wildcampingnacht, nachdem ich mittlerweile schon unzählige Zeltnächte an deutlich unwirtlicheren Orten als der Serra de Tramuntana mit ihrem milden Klima verbracht habe.

Dieses erste, unfreiwillige Wildcampingerlebnis hat mich so in seinen Bann gezogen, dass Wildcamping und Biwakieren, aber auch das Übernachten auf regulären Campingplätzen mittlerweile für mich fest zur Planung von Weit- und Fernwanderungen gehören.

Meine eigene Motivation ist es stets, autark und unter Einhaltung geltender Regeln unterwegs zu sein, und dabei die Natur möglichst unberührt zu hinterlassen. Ich finde außerdem, dass ein Mindestmaß an Komfort dazugehört, denn das Ganze soll ja auch inspirierend und erholsam ablaufen, damit Sie so wie ich am liebsten gleich wieder loswollen, wenn Sie zurückgekehrt sind. Denn wenn Ihnen das erfolgreiche Wildcamping gelingt, werden Sie nirgends so viel Ruhe und Entschleunigung erleben, so verschmelzen mit den Abläufen und dem Rhythmus der Natur und sich mittragen lassen können. Sie werden feststellen, dass Sie recht wenig brauchen, um rundum zufrieden und erfüllt zu sein: eine schöne Wanderroute, einen idyllischen Wildcampingplatz, gute Ausrüstung und ein bisschen Verpflegung.

Auch wenn Sie als Wildcamperinnen und Wildcamper mit dem ganzen hochtechnischen Ausrüstungskram wohl kaum von Ursprünglichkeit sprechen können, ermöglicht Ihnen das Wildcamping in der Einsamkeit doch das ursprünglichste Erleben der Natur. Sie müssen sich ganz in ihren Rhythmus und die Gegebenheiten einfügen und die Vorbereitung der Nacht mit Waschen, Essen und Trinken an einem Wasserlauf oder einer Quelle führt Sie auf die absolut grundlegenden Bedürfnisse des Menschseins zurück, während Sie für eine kurze Weile die ganze laute und schnelle moderne Welt zurücklassen. Sie erleben hautnah, wie der Tag ausklingt und nach und nach alle Geräusche verstummen, bis Sie am nächsten Tag die Sonne weckt.

Ich denke daher, dass diese innere Zufriedenheit, die das Wildcamping beim Bergwandern im Idealfall bescheren kann, vor allem daher rührt, dass dabei ein Großteil unserer Urinstinkte bedient werden. Besonders wenn das Wildcamping mit einer Bergtour verbunden wird. Unser ganzer Bewegungsapparat ist auf das Gehen ausgelegt, das wir im modernen Alltag weitestgehend eliminiert haben. Seine Tage ganz dem Gehen zu widmen und auf schönen Routen durch Täler und über Berge zu schreiten, ist in seiner Schlichtheit daher so erfüllend. Die Eliminierung aus dem Alltag trifft auch auf den Rhythmus der Natur zu. Heizung, Klimaanlage, Licht und Elektrizität, Telefon und Internet sind großartige zivilisatorische Errungenschaften, die uns jedoch von dem entfernen, woher wir kommen und was offenkundig noch immer in unseren Genen steckt. Sich dem wieder zuzuwenden, auf all diese Errungenschaften freiwillig und für einen sehr begrenzten Zeitraum zu verzichten, ist Urlaub vom Alltag, wie er nachhaltiger kaum sein könnte.

*Guten Morgen, Chablais-Alpen*

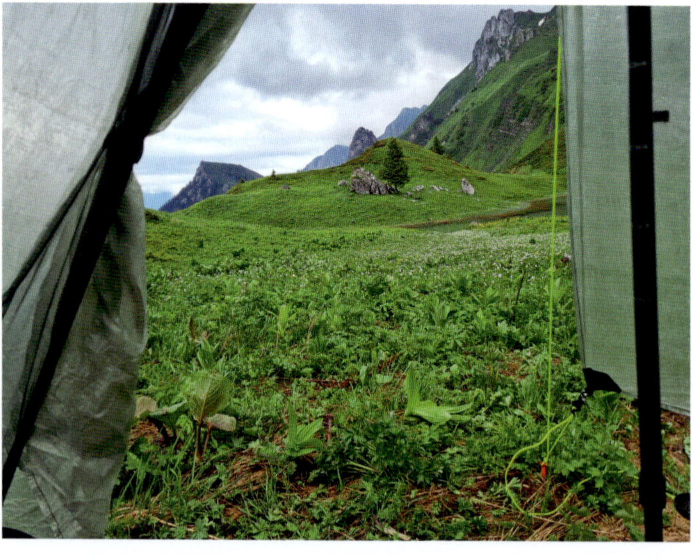

Einfach nur den eigenen Körper zu spüren und seine ursprünglichsten Bedürfnisse nach Bewegung, Nahrung und Schlaf zur Hauptbeschäftigung zu machen, lässt für diese begrenzte Zeit alles andere so unbedeutend und unwichtig erscheinen, dass Sie auch geistig neue Kraft tanken und fünfe gerade sein lassen können. Es geht einfach gerade mal um nichts, nicht um die Karrieren- und Familienplanung, nicht um die Altersvorsorge und die nächste so erstrebenswert erscheinende Anschaffung, sondern nur darum, dass Sie sich mit Ihrer Physis wohlfühlen und Ihre Grundbedürfnisse erfüllen. Gleichzeitig dürfen Sie das Naturschauspiel in der Gebirgswelt hautnah erleben, mit allen Gerüchen und Geräuschen, Panoramen und Momenten zum Innehalten. Der rauschende Wasserfall, der glasklare Bergsee, die strahlende Sonne, die funkelnden Sterne, die üppige oder auch karge Vegetation im Wechsel des Klimas, die Wildtiere von bunten Schmetterlingen bis hin zu majestätischen Steinböcken, wo nimmt man das eigentlich noch wahr, außer wenn man sich bewusst eine solche Auszeit gönnt, und was braucht man dann noch?

Mit der größte Vorteil des Wildcampings: Abgesehen davon, dass es natürlich die günstigste Möglichkeit zum Übernachten ist, bietet das Zelt auch die größte Unabhängigkeit und Spontanität in den Bergen. Sie können so weit wandern, wie Sie Lust haben, und sich dort niederlassen, wo Sie es besonders reizvoll finden. Zudem bedeutet es meiner Meinung nach deutlich mehr Privatsphäre als die Übernachtung in der Berghütte im Bettenlager.

Es erfordert allerdings auch, die persönliche Komfortzone auszureizen und auf zivilisatorische Bequemlichkeiten wie ein festes Dach über dem Kopf zu verzichten sowie Geduld und vorausschauende Planung, damit Sie vor Einbruch der Dunkelheit eine geeignete Stelle mit Wasserstelle angesteuert haben. Deswegen werden Sie auch nur Freude am Wildcamping erleben, wenn Sie sich eine wirklich gute und auch kostenintensive ☞ Ausrüstung zulegen. Ganz ohne Konsum geht es also auch hier nicht. Rechnen Sie es einfach gegen mit dem Geld, das Sie durch den Verzicht auf reguläre Unterkünfte in jeder einzelnen Zeltnacht sparen.

Seine Komfortzone auszutesten, heißt aber keinesfalls, die Grundelemente der Zivilisiertheit wie die Körperhygiene aufzugeben und wie Höhlenmenschen zu leben.

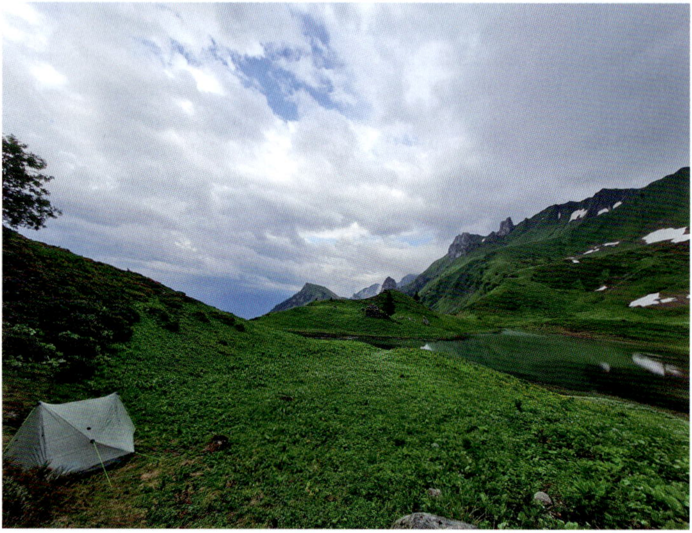

*Perfekter Platz am Lac de Neuteu, Chablais-Alpen, Frankreich*

Ich bin eher genervt von den stolzen pseudo-romantisierenden Erzählungen, wie lange es irgendjemand in der Wildnis ohne Waschen und Deo ausgehalten hat, und kann darin keine besondere Leistung erkennen. Die Leistung liegt für mich hingegen darin, sich mit entsprechender Vorbereitung und Kenntnissen seine Zivilisiertheit zu bewahren, auch wenn man am Ende der Welt und mutterseelenallein unterwegs ist. Wasserstellen zur Körperpflege und Trinkwasserversorgung gibt es so ziemlich überall in der Natur. Mit etwas Übung findet man diese leicht auf topografischen Karten und kann ausmachen, ob sie sich für ein Zeltlager eignen. Oft sind auch ohnehin Campingstellen an geeigneten Stellen vorgegeben und in der Karte markiert. Biologisch abbaubare Reiseseife und ein Deo eingepackt, schon sind Sie für sich selbst und Mitwandernde keine Zumutung mehr. Sich an einem Bergbach zu erfrischen und zu waschen, ist im Übrigen eine ganz tolle archaische Erfahrung, die Sie mit Freude erfüllen wird und schon von der Gesamtsituation her eine intensive Naturerfahrung ist. An das eiskalte Wasser gewöhnen Sie sich mit der Zeit.

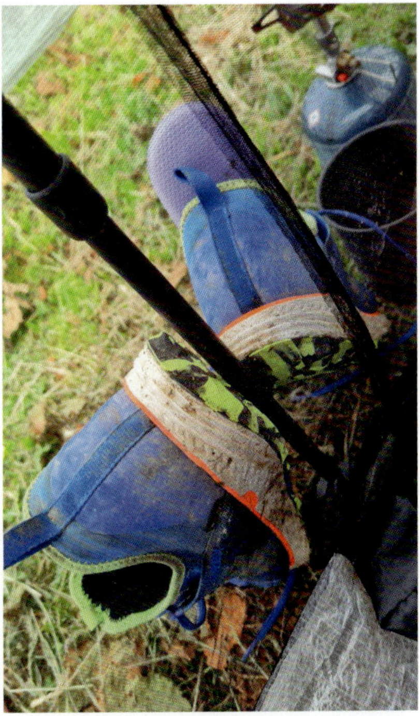

*Wanderschuhe und Kocher dürfen gern draußen bleiben*

Dabei gilt auch: Fehler dürfen und werden passieren. Um eine gute Wildcampingerfahrung zu haben, brauchen Sie Erfahrungswerte. Welcher Schlafsack versorgt Sie auch bei eisigen Temperaturen mit genug Wärme, verursacht bei milderem Wetter aber keinen Hitzestau? Was ist die beste Position für den Zeltaufbau und klappt das auch noch bei plötzlich einsetzendem Nieselregen und Einbruch der Dunkelheit? Wie kriegen Sie Ihre verschwitzte Kleidung am wilden Bergbach sauber gewaschen und einigermaßen trocken? Welche Reiseseife funktioniert gut, ohne das Haar struppig werden zu lassen oder das Geschirr nicht richtig zu säubern? Vieles können Sie im sicheren heimischen Umfeld ausprobieren, doch die Probe aufs Exempel ist der Ernstfall im Gebirge. Je öfter Sie dort mit dem Zelt unterwegs sind, desto souveräner werden Sie Ihr Wildcampingerlebnis gestalten können.

Liebe Leserin und lieber Leser, ich hoffe, dass Sie in diesem Ratgeber ein paar interessante und hilfreiche Tipps finden, damit Sie Lust bekommen, auf der nächsten Bergtour mit dem Zelt loszuziehen. Genießen Sie Ihre Freiheit! Ich wünsche Ihnen gutes Gelingen und eine erholsame Nachtruhe in der Natur. Ein paar schlechte Erfahrungen kann ich Ihnen sicher mit den zahlreichen Empfehlungen auf Basis meiner eigenen Erfahrungen ersparen, die ich Ihnen im Folgenden zusammengestellt habe.

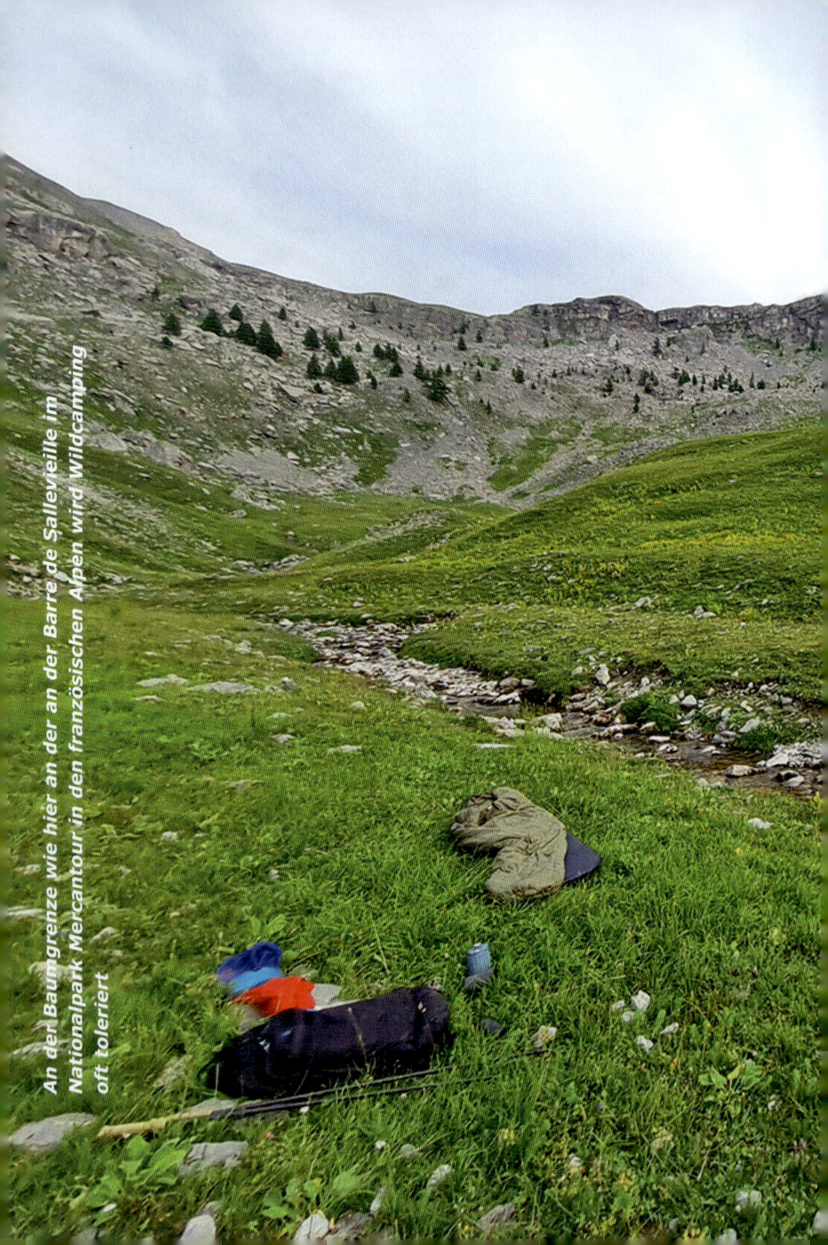

An der Baumgrenze wie hier an der an der Barre de Sallevieille im Nationalpark Mercantour in den französischen Alpen wird Wildcamping oft toleriert

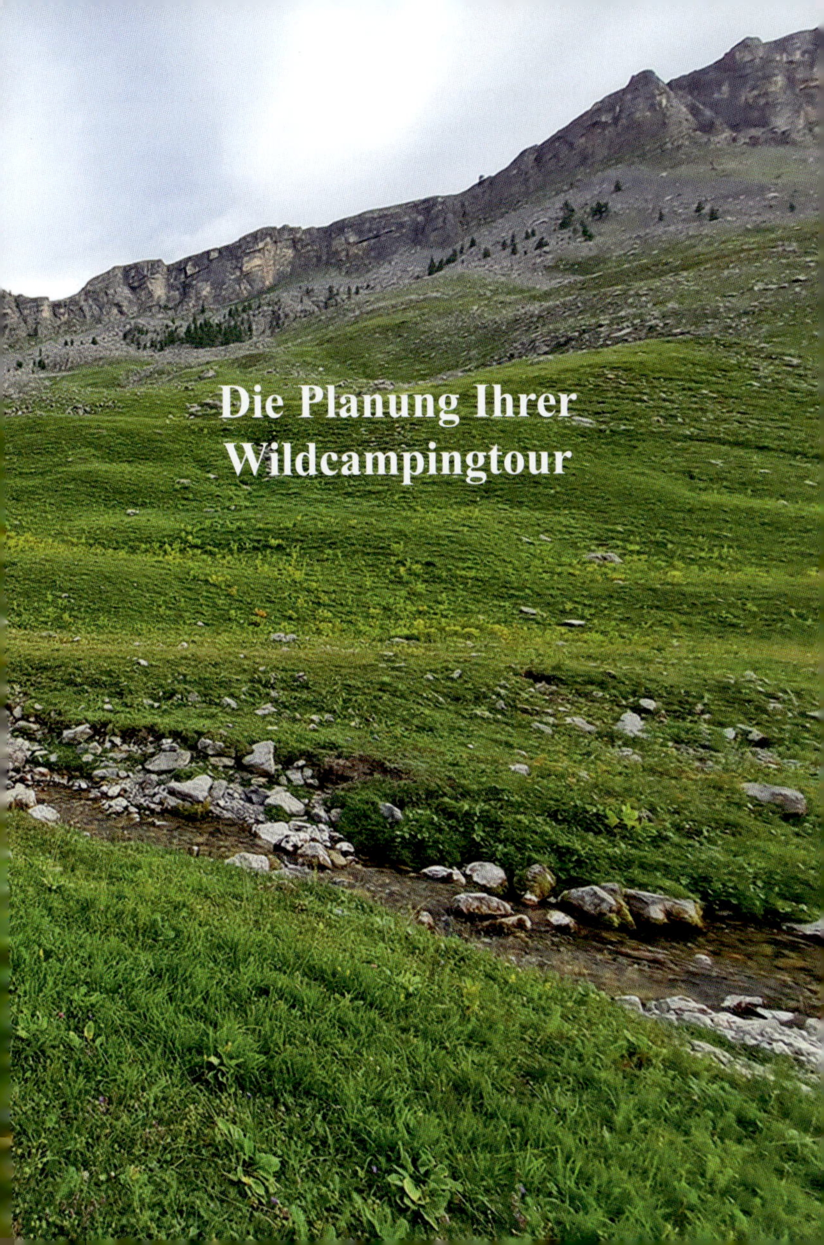

# Die Planung Ihrer Wildcampingtour

Der erste Schritt bei der Planung einer Bergtour mit Zelt sollte sein, sich mit der Gesetzeslage auseinanderzusetzen: Wo ist Wildcamping überhaupt erlaubt, und was wird im Allgemeinen darunter verstanden? Bevor wir uns in den nachfolgenden Abschnitten mit der Gesetzeslage befassen, beginne ich erst einmal mit den wichtigsten Begriffen und ihrer Bedeutung.

# Die Begriffe Wildcamping, Biwak und Camping

Oft werden die Begrifflichkeiten etwas vermischt, wenn es um das Thema ☞ legales und toleriertes Wildcamping geht. Das macht es manchmal nicht ganz einfach, herauszufinden, was genau jetzt eigentlich erlaubt, toleriert und verboten ist. Lassen Sie mich deshalb mit ein paar grundlegenden Begriffen anfangen.

Wildcamping wird vielerorts als Feindbild betrachtet. Mit dem Wort „wild“ wird sprachlich „illegal“ verknüpft, obwohl es sich auf die Natur, also die **Wildnis** im Sinne naturbelassener und nicht kultivierter Landschaftszonen, bezieht und nicht auf den wilden Umgang mit Regeln.

*Offizielle Campingstelle im Cape Chignecto Provincial Parc, Nova Scotia, Kanada*

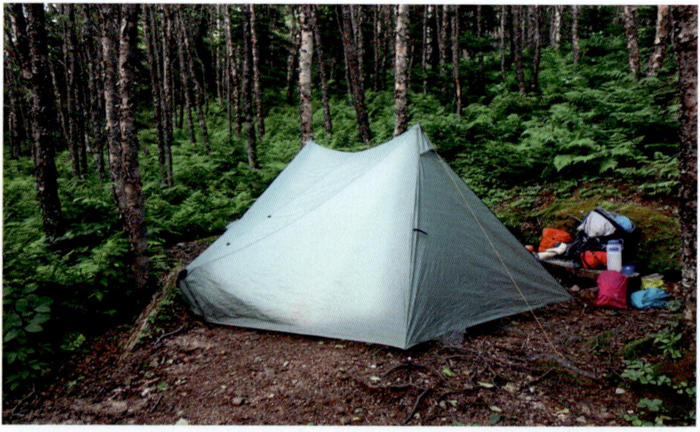

Das liegt daran, dass gerade viele Ferienregionen in Küstengebieten mit dem Problem illegaler Übernachtungen in Fahrzeugen oder am Strand zu kämpfen haben. Touristinnen und Touristen stellen sich mit dem Auto oder Campingbus irgendwo an die Küste, um kostenlos übernachten zu können, bauen teilweise auch Zelte oder Fahrzeugvorbauten auf oder legen sich an den Strand.

Somit werden Sie als Wildcamperin und Wildcamper beim Bergwandern auch mal mit dieser negativen Grundhaltung gegenüber Ihrem Vorhaben konfrontiert, die aber einen völlig anderen Hintergrund und einen stark abweichenden Reisekontext hat. Hier hilft nur das Aufklären darüber, was Sie vorhaben und wieso dies nichts mit dem illegalen Wildcampen zu tun hat.

Außerdem sollten Sie bei Ihrem Vorhaben immer von Biwakieren sprechen, was ich gleich noch näher ausführe, um es von den illegalen Übernachtungen motorisierter Touristinnen und Touristen schon sprachlich abzugrenzen.

Interessanterweise sind es gerade oft Länder mit großen Problemen bei illegalen Übernachtungen wie Frankreich oder Spanien, die sehr großzügige Regelungen für das legale Wildcamping beim Bergwandern geschaffen haben und wo dieses eine große generationenübergreifende Tradition in der Bevölkerung hat. Das zeigt, dass es sehr stark um den richtigen Umgang mit dem Thema geht. Durch Ihr eigenes respektvolles und regeltreues Verhalten tragen Sie aktiv dazu bei, das Verständnis und die Toleranz für das Wildcamping in der Wildnis zu erhalten oder überhaupt erst zu schaffen. Denn wenn Sie achtsam, unauffällig und umweltfreundlich irgendwo campieren, ist davon am nächsten Tag nichts mehr zu bemerken.

Leider ist der deutschsprachige Raum sehr zugeknöpft, was dieses Thema angeht, und erst in den letzten Jahren hat sich eine leichte Trendwende abgezeichnet. Dies lässt sich aber mit einem sehr traditionsreichen Alpinismus über die Alpenvereine erklären. Diese haben schon vor über 100 Jahren begonnen, im Alpenraum und anderen Gebirgsräumen flächendeckend eine hervorragende Infrastruktur für das Bergwandern und Bergsteigen zu errichten, die eine Übernachtung im Zelt erst mal unnötig macht. Die allerorten zu findenden bewirtschafteten Berghütten entlang aller offiziellen Wanderrouten versorgen Bergsportlerinnen und Bergsportler mit Kost und Logis.

Hinter dem Wildcamping steht ein anderer Geist, der sich nur teilweise mit Übernachtungen im überfüllten Bettenlager und vorgegebenen Abläufen, angefangen bei den Essenszeiten, vereinbaren lässt. Es ist die Philosophie und das praktische Erleben einer autarken, möglichst ursprünglichen und intensiven Erfahrung von Geologie, Flora und Fauna. Zu dieser Philosophie zählt eben gerade auch, die Naturräume nicht zu stören, sondern als Gast exakt so zu hinterlassen und zu erhalten, wie sie vorgefunden wurden.

Vom normalen Camping lässt sich das **Wildcamping** sehr leicht abgrenzen. Sie übernachten in der freien Natur an Stellen, wo keinerlei Infrastruktur vorhanden ist, und verwenden dafür ein **kleines Zelt**. An Ihre Campingstelle gelangen Sie ohne motorisierte Fahrzeuge. Damit Sie sich unabhängig und autark in die Wildnis hineinbegeben und dort eine gewisse Zeit lang aufhalten können, haben Sie nur das absolut Notwendigste für das Nachtlager, Hygiene und Verpflegung dabei.

Sie bleiben so gut wie nirgends länger als eine Nacht und installieren sich nur rudimentär, also ohne Campingmöbel oder Ähnliches. Das Wildcamping im eigentlichen Sinne dient lediglich der Erholung vom Bergsport, das Verweilen ist Mittel zum Zweck und nicht der eigentliche Zweck, der vielmehr im Entdecken und Bewandern oder Beklettern der Berge und der Wildnis liegt.

Ich habe einleitend geschrieben, dass Sie bei Ihrem Vorhaben am besten immer von Biwakieren sprechen. Doch was ist das jetzt genau? Das Wort **Biwak** leitet sich von „Beiwache“ ab und ist militärischen Ursprungs. Es wird von der Bundeswehr bis heute verwendet. Städte und Festungen wurden militärisch durch Hauptwachen in festen Gebäuden gesichert. Unterstützt wurde die Hauptwache situativ von der Beiwache, um Feinde auszumachen. Diese war in Zelten vor den Stadtmauern untergebracht. Der Begriff Biwak verselbstständigte sich und wird heute für jedwede Zeltlager von Soldaten und Soldatinnen verwendet. Damit einher geht eine entsprechende Geländeausbildung des Militärs.

Im Alpinismus fand der Begriff ebenfalls Einzug, da insbesondere beim Bergsteigen oft eine behelfsmäßige Unterkunft und die Errichtung von Basislagern mit Zelten auf den Expeditionen erforderlich ist. Sei es, weil Schlechtwetterphasen für die Bezwingung von Bergwänden

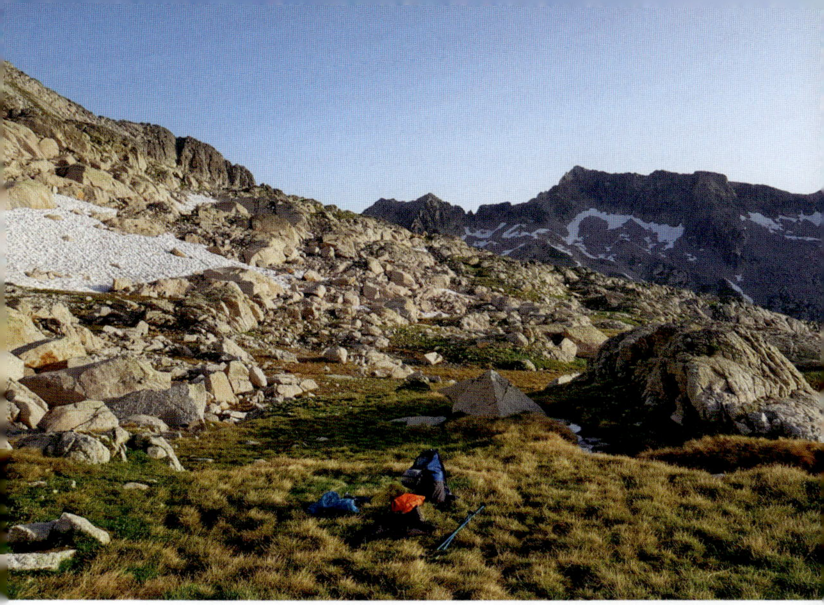

*Vorbereitung eines Biwakplatzes im Naturpark Posets-Maladeta, spanische Pyrenäen*

überdauert werden müssen, oder sei es, weil die Zustiege zu Kletterwänden viel Zeit in Anspruch nehmen. Durch Notfälle wie Erschöpfung, überraschende Wetterumschwünge, Einbruch der Dunkelheit und Ähnliches kann es auf Bergtouren überdies erforderlich werden, sich in einer ungeplanten Behelfsunterkunft einzurichten. Dabei ist es erforderlich, Stellen aufzusuchen, die eben genug für den Zeltaufbau sind, Wasserversorgung haben und Schutz vor den Bergwinden bieten. Somit wird **jede Form der Behelfsunterkunft im Gebirge** als Biwak oder Biwakieren bezeichnet: Dies kann in kleinen Zelten, mit Tarps, in einfachen Verschlägen oder Hütten oder auch unter freiem Himmel der Fall sein. Und deswegen sollten auch Sie immer von Biwakieren sprechen, wenn es um Ihre Pläne beim Bergwandern geht, um Missverständnisse zu vermeiden. So machen Sie klar, dass Sie kein klassisches Camping anstreben, unmotorisiert unterwegs sind und keine Regeln im Sinne des illegalen Wildcampings brechen wollen.

Hauptsächlich in Italien, aber auch in einigen anderen Ländern gibt es dafür auch sogenannte **Biwakschachteln** und **unbewirtschaftete Hütten**. Biwakschachteln sind sehr einfache Unterkünfte, manchmal eher Wellblechverschläge, wo Sie mit Ihren mitgebrachten Utensilien übernachten können. Manchmal gibt es Matratzen, einen Ofen und Feuerholz oder sogar eine komplette Küchenausstattung mit Wasserversorgung.

Gerade ist der Begriff **Tarp** gefallen: Das ist eine rechteckige Plane mit Ösen. Wenn Sie rechtliche Grauzonen maximal ausreizen wollen, dann nehmen Sie kein komplettes Zelt mit, sondern nur eine solche abspannbare Plane. Sie benötigen dafür ein paar Heringe und Abspannleinen, die es im Outdoorladen zu kaufen gibt. Mit etwas Geschick und Übung können Sie ein Tarp über die Trekkingstöcke und das Nutzen von Stämmen in diversen Formationen aufbauen. Klassischerweise verankern Sie zwei Ecken im Boden und die anderen zwei Ecken werden mit den Ösen auf den Trekkingstöcken befestigt, die Sie dann gut abspannen können. Somit sind drei Seiten offen und Sie müssen ohne Zeltboden auf der Erde schlafen, haben aber zumindest etwas Regen-, Wind- und Sichtschutz.

Sogar nur zwei offene Seiten haben Sie, wenn Sie alle vier Ecken im Boden verankern und an zwei gegenüberliegenden Seiten mittig die Trekkingstöcke abspannen. Das kommt einem Zelt schon recht nahe. Rechtlich gesehen campieren Sie aber nicht.

Noch ein paar Worte zum klassischen **Camping**: In diese Kategorie fällt alles, was man mit einem „Campingurlaub“ assoziiert. Hier installieren Sie sich fest und normalerweise eher für einen längeren Zeitraum auf einem ☞ Campingplatz. Das Zelt bleibt also auch tagsüber stehen. Die Infrastruktur ist auf dem Campingplatz hotelähnlich mit Internet, Sanitäranlagen, Gemeinschaftsräumen, manchmal auch Gemeinschaftsküchen, Restaurants, Bars und Pool, nur dass Sie das Zimmer selbst mitbringen. Das sind ja manchmal riesige Zelte oder Fahrzeugvorbauten und ambitionierte Campingurlauberinnen und -urlauber haben reichlich Mobiliar, Grillherde, Geschirr und sonst noch alles Mögliche dabei. Denn Camping ist im Gegensatz zum Wildcamping auf Dauer und Komfort ausgelegt.

# Legales Wildcamping

Nun die gute Nachricht: Ihrem nächsten Wildcampingabenteuer steht kaum etwas entgegen. In den deutschsprachigen Ländern haben wir eine andere Perspektive als so ziemlich der gesamte Rest der Welt, weil bei uns das Wildcamping im Gebirge fast überall verboten ist. Es ist aber etwas Bewegung und ein Kulturwandel bei der Politik zu erkennen. Mit dem seit Jahrzehnten ungebremsten Outdoorboom und dem Naturtourismus als Standortfaktor sowie wachsender wirtschaftlicher Bedeutung werden in den typischen Wanderregionen immer mehr Möglichkeiten für die legale Übernachtung im Zelt in freier Natur geschaffen.

Außerhalb des deutschsprachigen Raumes verhält es sich genau umgekehrt: Egal ob in Frankreich oder Spanien, Nord- oder Südamerika, Neuseeland oder Südostasien: In den allermeisten Gebirgsregionen war immer schon eine andere und sehr freiheitlich bestimmte Outdoorkultur vertreten, die das Wildcamping für Wanderinnen und Wanderer nicht nur im Gebirge, sondern auch in vielen anderen Naturschutzzonen des jeweiligen Landes gestattete.

Besonders die Hotspots ächzen aber zunehmend unter den gerade in der Hochsaison recht überlaufenen Naturzonen und haben die Möglichkeit zum Wildcamping eingeschränkt oder mindestens mit klar umrissenen, strikten ☞ Verhaltensregeln und Registrierungspflichten versehen.

Doch wer bestimmt überhaupt, was erlaubt ist und was nicht? Zunächst einmal das nationale Recht eines Landes, also ob es ein sogenanntes **Jedermannsrecht** gibt oder nicht. Dieses bezieht sich auf die Wildnis im Sinne von naturbelassenen, nicht kultivierten Landschaftsgebieten. Stark verkürzt besagt es, dass dort für Personen, die mit nicht motorisierten Fahrzeugen oder zu Fuß unterwegs sind, die volle Bewegungsfreiheit gilt. Außerdem darf mit oder ohne Zelt im Freien ein bis zwei Nächte an einem Ort übernachtet werden. Das gilt selbst dann, wenn die Wildnis in privatem Besitz ist. Nur wenige Länder haben das Jedermannsrecht, einige davon sind für das Bergwandern aber durchaus interessant. Es gilt in Estland, Finnland, Lettland, Litauen, Neuseeland, Norwegen, Schottland, Schweden, der Schweiz und im deutschen Bundesland Brandenburg. Im überwiegenden Teil der Erde gibt es somit kein Jedermannsrecht.

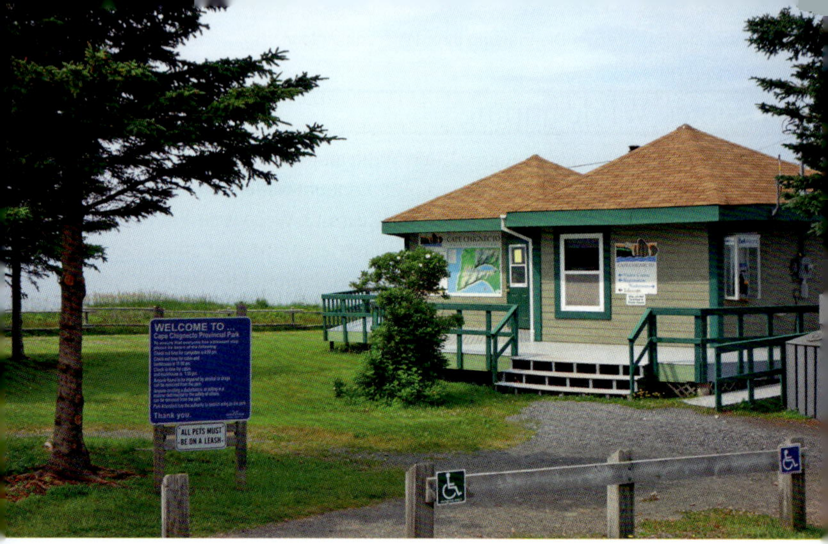


*Besucherzentrum des Cape Chignecto Provincial Parc in Kanada*

Besonders Skandinavien ist für sein Jedermannsrecht berühmt und zieht damit Outdoorbegeisterte aus aller Welt an. Das war wahrscheinlich auch Ihre erste Assoziation bei diesem Begriff. Vielleicht wundern Sie sich jetzt, warum Sie noch nie von der Schweiz als Wildcampingparadies gehört haben, während Ihnen vielleicht schon von fantastischen Wildcampingabenteuern aus ganz anderen Ländern berichtet wurde. Tatsächlich ist das Jedermannsrecht für das Bergwandern nicht sonderlich maßgeblich, denn wenn Sie auf Wanderschaft gehen, werden Sie sich zu einem großen Teil in Naturschutzzonen wie **Naturreservaten**, **Nationalparks und Naturparks** aufhalten. In diesen Schutzzonen gilt gesondertes Recht, das umfassend von der allgemeinen Rechtslage des jeweiligen Landes abweichen kann – das fängt an beim zumindest in Teilen bestehenden Verbot von Fahrzeugen, Besiedlung, Bebauung, Jagd und Fischerei, forst- und landwirtschaftlicher Nutzung.

Naturreservate haben oftmals die höchsten Naturschutzregeln, die jegliche zivilisatorische Aktivität untersagen und absolut kein Eingreifen in die Entwicklung der Natur vorsehen, auch nicht bei Erdrutschen oder anderen Katastrophen. Nationalparks sind die zweithöchste Schutzkategorie, wo die Natur sich selbst überlassen wird, wie am Beispiel der Borkenkäferplage im Bayerischen Wald, die weite Teile des Baumbestands vernichtete, bis heute zu sehen ist. Der Naturraum soll sich vollständig und ungestört entwickeln können und Katastrophen selbst überwinden. In Naturparks sind die Regeln meist nicht ganz so streng und es gibt durchaus auch größere Besiedlungen. In der Verordnung der jeweiligen Zone sind alle diese Dinge geregelt, einschließlich der Übernachtungsmöglichkeiten sowie ob und wo Wildcamping im Rahmen von Wandertouren gestattet wird. In der Schweiz, um auf das Beispiel zurückzukommen, ist dies trotz Jedermannsrecht in so gut wie allen Naturschutzzonen strengstens verboten, während viele Länder ohne Jedermannsrecht es in vielen Naturschutzzonen sehr umfangreich erlauben.

Wenn Sie in Regionen unterwegs sind, die nicht als Naturschutzzonen definiert sind, gelten die Vorschriften der jeweiligen **Gemeinde**. Diese können wie auch in den Naturschutzzonen vom nationalen Recht abweichen. Hier sollten Sie sich also bei Gemeinde- und Kreisverwaltungen nach dem aktuellen Sachstand hinsichtlich Wildcamping erkundigen.

In bekannten Wandergebieten sind die Gemeinden oft erstaunlich gut aufgestellt, was das Thema angeht. Andernorts hingegen sind sie typische Behörden und auskunftsscheu oder schlicht nicht zu erreichen.

Interessanterweise ist die Handhabung des Themas Wildcamping in Naturschutzgebieten häufig toleranter und eindeutiger geregelt als in den Gemeinden. Die Bergsportlerinnen und Bergsportler sind ein Tourismus- und damit ein Wirtschaftsfaktor und bringen außerdem durch ihr Hobby die nötige Sensibilisierung für den Schutz der Natur mit, sodass man sie mit einem gewissen Vertrauensvorschuss gewähren lässt. Da in den Schutzzonen ja auch wenig bis keine Menschen leben, kommen sie mit ihrem Tun niemandem in die Quere.

Ich kann beobachten, dass es in Schutzzonen und Gemeinden mit stark frequentierten Wanderrouten zunehmend üblich wird, ☞ Campingstellen auszuweisen und Genehmigungen dafür zu vergeben. So haben die Verantwortlichen einen Überblick, wer sich wann und wo aufhält. Sie können Ihr Nachtlager nicht komplett frei wählen, haben aber etwas in der Hand, was Ihnen dann auch rechtliche Sicherheit für Ihr Vorhaben gibt. In diesen Fällen registrieren Sie sich im **Besucherzentrum** des Schutzgebiets oder bei der **Gemeindeverwaltung**, manchmal unter Entrichtung einer geringen

Schutzgebühr, und müssen manchmal auch angeben, welche Tour Sie geplant haben. Die Genehmigungsverfahren gehen teilweise so weit, dass Sie für sehr stark frequentierte Trails wie den Inca Trail in Peru – um nur ein prominentes Beispiel zu nennen – für Ihr gesamtes Tourenvorhaben eine Lizenz erwerben müssen, nicht nur für die Übernachtung. Die Lizenzen sind kontingentiert, um die Überfüllung durch Touristenmassen zu vermeiden. Sobald Sie sich außerhalb solcher hochfrequentierten Regionen bewegen, werden Sie aber auf sehr große Freiheiten stoßen, was das Thema Wildcampen angeht.

Oft lässt sich bereits im Vorfeld problemlos auf der **Webseite des entsprechenden Naturschutzgebiets, Nationalparks oder Naturparks** in Erfahrung bringen, wie die aktuellen Regelungen hinsichtlich Wildcamping lauten. Die bekannten Weit- und Fernwanderrouten haben ebenfalls eigene Webseiten, wo dazu fast immer Informationen hinterlegt sind.

Nicht zuletzt gibt es auch noch Privatgrundstücke als Option für legales Wildcamping. Hier gilt das **Hausrecht** der Besitzerinnen und Besitzer. Oftmals gehören weit auslaufende Ländereien zu einer einsamen Farm im Gebirge, die mehr oder weniger deutlich eingezäunt sind, oft aber auch gar nicht. Die Besitzverhältnisse sind also nicht immer klar zu erkennen. Am ehesten erkennen Sie an der landwirtschaftlichen Nutzung wie bestellten Feldern oder herumziehenden Viehherden und an Installationen zur Wasserversorgung wie Leitungen und Brunnen, dass Sie sich auf Privatgrund bewegen. Sie können einfach fragen, ob Sie irgendwo auf dem Privatgelände für eine Nacht das Zelt aufstellen dürfen. Mir wurde dies bisher noch nie versagt. Auch hier gilt einmal mehr, Fingerspitzengefühl an den Tag zu legen. Ich würde niemals aufdringlich irgendwo klingeln oder klopfen und um ein Nachtlager bitten, sondern spreche nur Personen an, die ich zufällig draußen antreffe.

Etwas anderes ist es natürlich bei den Grundstücken von Berghütten, die zwar auch dem Hausrecht unterliegen, aber deren Daseinszweck die Infrastruktur für Bergwanderinnen und Bergwanderer ist. Hier brauchen Sie sich nicht zurückzuhalten, sondern können und sollten proaktiv bei den Hüttenwartinnen und -warten nachfragen, ob das Aufschlagen des Zeltes erlaubt ist und dafür ein Obolus entrichtet werden muss. In vielen Ländern ist es weitverbreitet, dass Berghütten kleine ☞ Campingstellen ausweisen

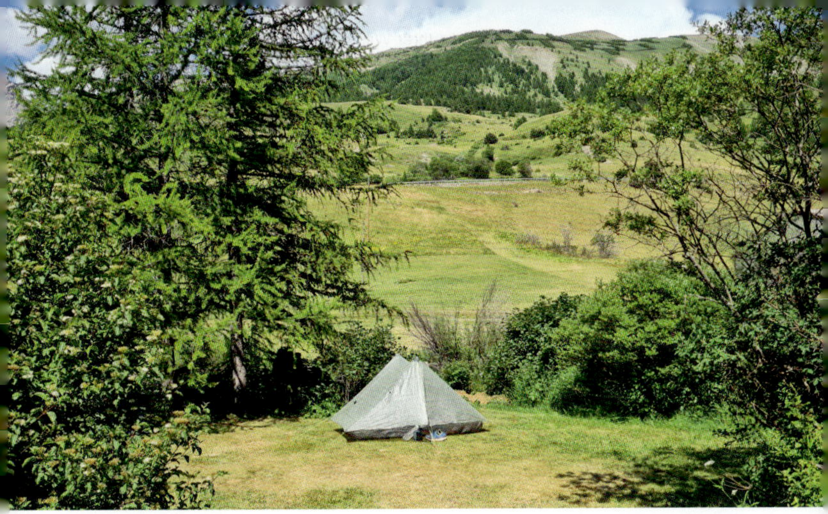

*Herrlicher Stellplatz, Camping Marmottes, Larche, Seealpen, Frankreich*

und Sie dann die Infrastruktur und Verpflegungsmöglichkeiten kostenpflichtig mitbenutzen können. In manchen Ländern wiederum gilt das aufgrund einer anders geprägten Bergsportkultur als Frevel und Sie werden schroff abgewiesen bzw. auf das Bettenlager verwiesen werden. Bei Überfüllung wird das Zelten aber manchmal dennoch gestattet, weil es zumindest in der Theorie eine Fürsorgepflicht gibt, die beinhaltet, dass niemand von den Hütten abgewiesen werden darf, der dadurch in Bergnot geraten könnte. So etwas ist aber Auslegungssache und Hüttenwartinnen und -warte sind eher keine diskussionsfreudigen Personen, sondern machen Ihnen eine klare und direkte Ansage. Als Wildcamperin und Wildcamper schadet es also nicht, ein bisschen Hornhaut auf der Seele zu haben und sich pampige Ansagen nicht zu Herzen zu nehmen. Rucksack auf und weiter geht es, da draußen wartet noch jede Menge Freiheit auf Sie.

## Campingstellen

Das führt mich zu einer Hybridform zwischen Wildcamping und regulärem Camping auf **Campingstellen**, manchmal auch **Trekkingplätze oder Biwakplätze** genannt (und nur in der Sächsischen Schweiz **Boofen**, allerdings sind hier Zelte verboten).

Es gibt in definierten Bereichen der Naturschutzzone ausgewiesene Plätze dafür. Diese sind recht wild, bieten oft aber auch eine kleine Infrastruktur wie Toiletten oder ein zugängliches Häuschen als Wetterschutz. Sofern es solche gekennzeichneten Campingstellen gibt, ist es meist vorgeschrieben, dass das Zelt nur hier aufgebaut werden darf. Aber beispielsweise in den französischen Alpen sind sie eher ein zusätzliches Angebot zum fast überall erlaubten Wildcamping.

Ebenfalls in diese Kategorie des Hybrids zwischen Camping und Wildcamping fällt, wenn Sie **auf den Grundstücken von Berghütten** Ihr Zelt aufschlagen dürfen. Manchmal ist das direkt neben der Hütte erlaubt, viele Hüttenwartinnen und -warte haben auch mit etwas Abstand zum Haus und den regulären Übernachtungsgästen Campingstellen eingerichtet. So finden Sie dann noch ein bisschen mehr Komfort vor. Hier gibt es manchmal ein Extratoilettenhäuschen für die Wildcamperinnen und Wildcamper, manchmal können Sie gegen geringe Gebühren die Waschräume und Dusche der Hütte benutzen. Außerdem können Sie sich in der Hütte verpflegen und sorgen als willkommener Gast für Zusatzeinnahmen in der Gastronomie, ohne eines der oft nur spärlich vorhandenen Betten zu belegen.

## Campingplätze

Natürlich finden Sie überall, wo es schön ist, auch ein paar reguläre **Campingplätze** mit einer guten Infrastruktur wie Strom, Sanitäranlagen, Gemeinschaftsküchen, Möglichkeiten zum Wäsche waschen und mehr. Mit Ihrer ☞ Ausrüstung für das Wildcamping werden Sie sich auch hier ganz prima einrichten können und mit sehr geringen Gebühren zumindest sehr naturnah übernachten.

Wenn Sie mit Campingplätzen in erster Linie Trubel und Menschenmassen verbinden, kann ich Sie beruhigen: In kleinen Bergdörfern, egal ob in den Alpen oder in den Anden, habe ich schon die herrlichsten Campingplätze vorgefunden. Hier, fernab von Küsten und Städten, verirren sich nur Touristinnen und Touristen her, die so wie Sie die Schönheit der Berge suchen. Das Camping auf einem solchen Platz kommt schon sehr nah an das Wildcamping heran und Sie bekommen obendrein eine warme Dusche, Strom und Internet. Daher können Sie Campingplätze auch gut in Ihre Tourenplanung einbeziehen.

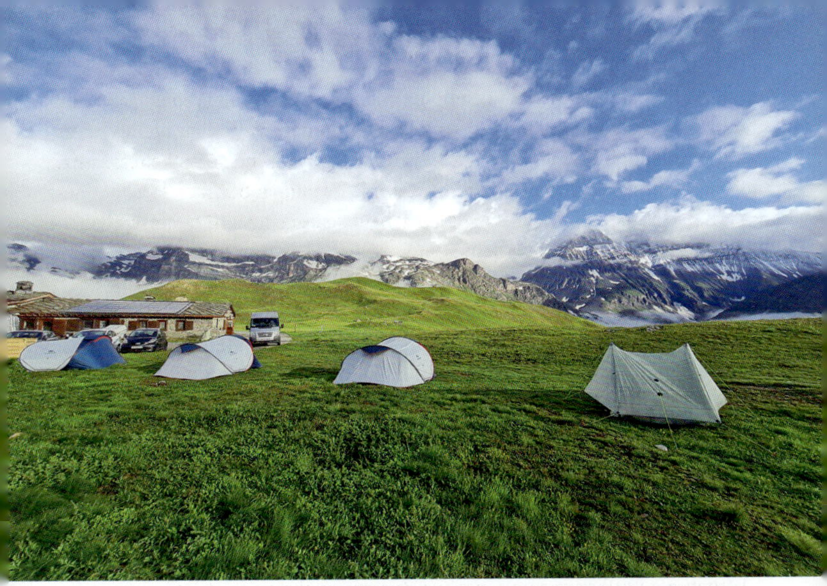

*Biwakplatz am Refuge du Plan du Lac, Vanoise, französische Alpen*

## Die Baumgrenze als Toleranzgrenze

Wenn man ganz allgemein von der Gesetzeslage für das Übernachten mit dem Zelt in freier Natur beim Bergwandern spricht, so ist ein Unterschied zu machen zwischen **legalem** und **toleriertem** Wildcamping. Bergwanderinnen und Bergwanderer bewegen sich nicht in Alltagssituationen. Fernab von Zivilisation und Verkehrswegen, auf einsamen Fußpfaden in unwirtlicher Berglandschaft ist der wesentliche Unterschied zum Alltagsleben, dass Sie hier ganz oder fast allein unterwegs sind. Somit gibt es oftmals für diese Spezialsituation gar keine eindeutige Gesetzeslage, weil es nicht besonders viele Personen betrifft.

Das bringt es mit sich, dass, wenn keine klare gesetzliche Regelung besteht, die wandernden Wildcamperinnen und Wildcamper toleriert werden. Es wird in den allermeisten Fällen auch schlicht und ergreifend keiner mitkriegen, wenn Sie sich unter Einhalten der gängigen ☞ Verhaltensregeln ein Nachtlager suchen.

Neben dem legalen Wildcamping, das ohne Wenn und Aber das Aufschlagen eines kleinen Zeltes für eine Nacht ermöglicht, hat man es beim überwiegenden Teil der für das Bergwandern und Bergsteigen relevanten Regionen mit einer tolerierten Form des Wildcampings zu tun.

Dies ist manchmal, meistens aber nicht ganz eindeutig rechtlich geregelt und diese Regeln werden nicht unbedingt leicht zugänglich und offen kommuniziert. In jedem Fall ist hier nicht mit aktiver Strafverfolgung oder sonstigen Problemen zu rechnen. Eine Faustregel für die Suche nach einem tolerierten Wildcampingplatz ist das Überschreiten der **Baumgrenze**. Dort, wo die Durchschnittstemperaturen um die 0° C liegen, ist es unwirtlich und einsam genug, dass Sie mit Ihrem Zelt nicht groß auffallen oder stören werden. In unserem Breitengrad ist das ab etwa 2.000 Höhenmetern der Fall. Je näher Sie an die Pole kommen, desto niedriger ist die Baumgrenze. Im nördlichsten Skandinavien oder südlichsten Südamerika reicht sie fast bis auf Meeresspiegelhöhe. Eigentlich überall gestattet ist hier das **Notbiwak** für den Fall, dass jemand in Bergnot gerät – sei es durch einen heftigen Wetterumschwung, wegen Entkräftung oder anderer ähnlicher Gründe. Natürlich müssen und dürfen Sie sich in einer solchen Situation, wo die Gefahr von Leib und Leben droht, in Ihrem Zelt in Schutz begeben, ausharren und ausruhen, bis Sie weitergehen können. Hoffentlich werden Sie niemals in diese Situation geraten. Dieses Zugeständnis der Gesetzgebung zeigt aber zumindest, dass die gesetzlichen Grenzen ein wenig fließend sind. Denn was eine Notlage ist, können Sie ja nur selbst bestimmen – oder behaupten.

Nochmals erhöht ist die Toleranz gegenüber dem Biwakieren ohne Zelt, also wenn Sie nur mit Schlafsack und Isomatte unter freiem Himmel schlafen. Hier kann kaum noch davon gesprochen werden, dass Sie die Natur oder sonst irgendwen stören. Auch werden Sie sich so wohl nicht häuslich einrichten und auch nicht länger als nötig im Nachtlager verweilen. Keinesfalls lässt sich aus den tolerierten Formen des Wildcampings jedoch der **Anspruch** ableiten, irgendwo in der Natur übernachten zu dürfen. Es drohen teils drakonische Strafen gegen Gesetzesverstöße. Ob und inwieweit es also so etwas wie toleriertes Wildcamping gibt, wenn es nicht offiziell gestattet ist, lässt sich nur mit einem gewissen Fingerspitzengefühl und Recherche herausfinden. Wenn es keine eindeutigen Regeln gibt, gehen Sie am besten so vor, dass Sie sich mit Einheimischen austauschen oder mit Wanderinnen und Wanderern, die schon in der jeweiligen Region unterwegs waren.

## Wildcampingkultur rund um die Welt

Ich habe die Gesetzeslage hinsichtlich erlaubter und tolerierter Formen des Wildcampings beim Bergwandern erörtert und Sie haben die wichtigsten Begriffe in diesem Zusammenhang kennengelernt. Wie angesprochen sind die gesetzlichen Regelungen für das Wildcamping höchst unterschiedlich und auch nicht im jeweiligen Land einheitlich, sondern werden regional in den betreffenden Gemeinden und Naturschutzzonen individuell festgelegt. Alles in allem überwiegen aber weltweit doch die Regionen, wo Sie beim Bergwandern große Freiräume genießen und kostenlos und legal in freier Natur übernachten dürfen, wenn Sie sich an die üblichen ☞ Verhaltensregeln halten.

Ausgangspunkt Ihres Wildcampingabenteuers beim Bergwandern wird in der Regel eine **mehrtägige Wanderroute, Weit- oder Fernwanderung** sein. Vielleicht haben Sie schon eine bekannte Tour im Kopf, auf der Sie mit dem Zelt übernachten wollen. Sie sollten sich im Vorfeld Gedanken machen, wie Sie diese in Tagesabschnitte aufteilen und wo Sie abends übernachten können.

Bei Weit- und Fernwanderungen entscheide ich mich in der Regel für einen Mix aus allen verfügbaren Unterkunftsvarianten. Nach ein paar Nächten Wildcamping ist doch wieder mal eine heiße Dusche auf einem Campingplatz ganz schön, wo ich außerdem meine Powerbank wieder aufladen kann. Zwischendurch darf es auch gern mal ein schönes Hotel sein für etwas mehr Komfort, wenn ich mehrere Hundert Kilometer zu Fuß absolviere. Aber als angehender Wildcampingspezialist haben Sie ja alle Freiheiten und können Ihre Tour genau so ausgestalten, wie es Ihnen passt, und unter Umständen auch ausschließlich das Wildcampinglager aufschlagen.

In allen bekannten Bergsportgegenden gibt es natürlich auch **Tourenanbieter und Reiseagenturen**, die sich auf das Bergwandern spezialisiert haben und Ihnen gegen Bezahlung weiterhelfen. Sie übernehmen mitunter die komplette Organisation Ihres Vorhabens mit allen erforderlichen Anmeldungen sowie Transport zu Start und Ziel der Bergtour. Auch geführte Wandergruppen mit Guides und Wildcamping inklusive Gepäcktransport, Zeltauf- und -abbau sowie Verpflegung im Zeltlager sind buchbar. Sicher geht es Ihnen aber so wie mir und Sie finden, dass ein so sehr auf Individualität und Unabhängigkeit ausgelegtes Hobby wie das Wildcamping am meisten Spaß macht, wenn Sie autark unterwegs sind. In einigen (zum Glück sehr wenigen) sehr touristischen Zonen gibt es allerdings gar keine andere Möglichkeit, als sich die Tour organisieren zu lassen und dafür zu bezahlen, da die Tourenanbieter das Monopol für die Lizenzvergabe haben.

Nun gebe ich Ihnen gern noch als Abschluss des ersten Kapitels mit auf den Weg, welche Erfahrungen ich selbst auf Zelttouren in unterschiedlichen Ländern und Regionen gesammelt habe. Dies ist eine höchst subjektive Liste mit individuellen Eindrücken der Wildcampingkultur in verschiedenen Regionen und sie erhebt keinerlei Anspruch auf Vollständigkeit und erst recht nicht auf Objektivität. Ich fasse meine Übersicht der Länder und Kontinente entsprechend meinen Erfahrungen nach Regionen mit ähnlichen Regelungen oder besser gesagt einer ähnlichen Kultur, was den Umgang beim Thema Wildcamping angeht, zusammen. Dabei habe ich darauf verzichtet, Länder aufzuführen, wo ich selbst noch nicht war und nichts Substanzielles beitragen kann. Länder, wo ich zwar selbst noch nicht wild campen war, die Informationslage aber sehr gut ist, habe ich hingegen aufgenommen. Bei Ihrer Tourenplanung kommen Sie natürlich nie umhin, den aktuellen Stand für Ihre spezifische Region zu recherchieren, um auf Nummer sicher zu gehen und sich Ärger und unangenehme Überraschungen zu ersparen.

Es gibt ein paar wenige Übersichten im Internet mit detaillierten Infos zu den jeweiligen Ländern Europas. Ganz gut finde ich das Angebot vom Magazin des Outdoorshops Bergzeit. Beachten Sie jedoch, dass die Infos sich nicht speziell auf das Bergwandern beziehen, sondern die grundsätzliche Rechtslage wiedergeben.

www.bergzeit.de/magazin/wildcampen-europa-deutschland-frankreich-spanien-schweden-daenemark-polen-schweiz

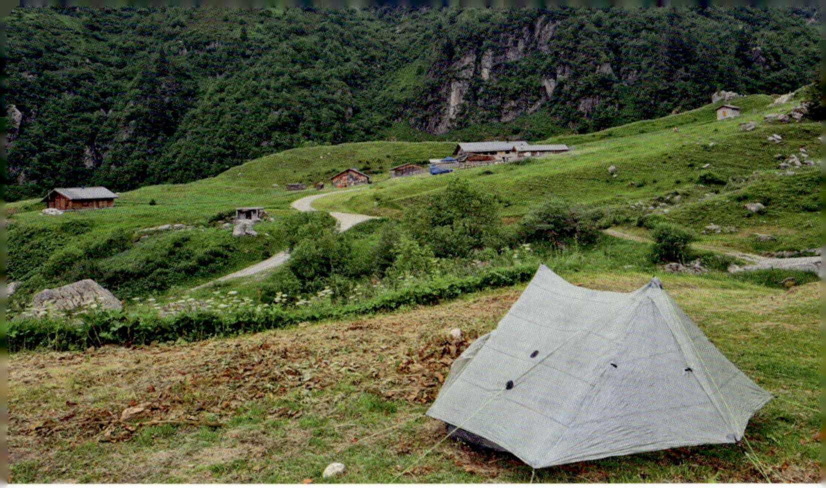

*Aire de bivouac beim Refuge de la Balme, Mont-Blanc-Gruppe, französische Alpen*

## Frankreich

Ich beginne meine persönliche Liste mit den europäischen Ländern, die meiner Meinung nach als Paradiese für das legale Wildcamping beim Bergwandern gelten dürfen. Der erste Eintrag gebührt **Frankreich**, denn es ist mein aktueller Favorit: Die **französischen Alpen** mit dem höchsten Berg der Alpen und die **französischen Pyrenäen** lassen die Bergwandererherzen höher schlagen mit ihrer traumhaften und weitläufigen hochalpinen Landschaft. Zahlreiche Mittelgebirge wie Ardennen, Vogesen oder die Monts d'Ardèche, die etwas beschaulicher sind, aber den Hochgebirgen an Anmut kaum nachstehen, bieten Raum für etwas weniger fordernde Touren. Hervorragend markierte und instand gehaltene Wanderwegenetze und eine Unmenge an Weit- und Fernwanderungen bieten Ihnen eine riesige Schatztruhe an Tourenoptionen. Die zwei Königswege sind der **GR 10** durch die Pyrenäen vom Atlantik ans Mittelmeer und die **Grande Traversée des Alpes**, auf der Sie den französischen Alpenbogen am Mont Blanc vorbei einmal komplett bis ans Mittelmeer durchqueren. Je weiter im Süden Sie unterwegs sind, umso mehr profitieren Sie vom trockenen und sonnenreichen Mittelmeerklima.

Doch nicht genug damit, dass Frankreich mit zwei fantastischen Hochgebirgsregionen und einer verschwenderisch schönen Natur gesegnet ist: Es hat auch eine ausgeprägte und generationenübergreifende Wildcampingkultur entwickelt. Sowieso sind im Gebirge Wanderinnen und Wanderer jeden Alters anzutreffen, von sehr vielen jungen Menschen und Jugendlichen bis hin zu Seniorinnen und Senioren, die auch gar nicht so selten mit Zelt unterwegs sind.

Im überwiegenden Teil der französischen Bergwelt können Sie frei und ohne Genehmigungen Ihr Zelt aufschlagen, wo Sie wollen. Wenn Sie ein Naturschutzgebiet betreten, werden Sie meistens direkt mit einer großen Tafel begrüßt, die detailliert auflistet, was erlaubt und was verboten ist. Wichtig: Das klassische Camping ist nicht möglich. Erlaubt ist hingegen das Biwakieren mit einem kleinen Zelt (**bivouac**). Dafür gibt es ein paar gängige Regeln: Das Zelt muss zwischen 19:00 und 9:00 Uhr auf- und abgebaut werden und Ihr Nachtlager sollte sich mindestens eine Gehstunde von der Außengrenze entfernt innerhalb des Naturschutzgebietes befinden.

In manchen Schutzgebieten werden Campingstellen (**aire de bivouac**) ausgewiesen. Diese sind aber nicht so zu verstehen, dass nur hier das Wildcamping erlaubt ist, sondern sie sind eher ein Service. Sie können, müssen aber nicht diese Plätze ansteuern, die über eine Basisinfrastruktur wie Toilettenhäuschen verfügen und von der Beschaffenheit her mit flachen, weichen Böden das Aufschlagen des Zeltes sehr einfach machen.

Als weiterer Service und insbesondere in den Nationalparks, wo Wildcamping verboten ist, können Sie meistens problemlos bei Berghütten mit dem Zelt übernachten. Die Wartinnen und Warte der Berghütten haben sehr oft Campingstellen für das „bivouac" eingerichtet, deren Benutzung meist sogar kostenfrei ist.

## Spanien

Platz 2 der Wildcampingparadiese in Europa gebührt meiner Meinung nach **Spanien**. Dabei gibt es hier zunächst mal ein grundsätzliches Wildcampingverbot. Jedoch verdanken wir es auch hier einer sehr liberalen Bergsportkultur, dass das Wildcamping im Rahmen von Bergtouren oberhalb der Baumgrenze in weiten Teilen des Landes erlaubt ist. Das macht die **spanischen Pyrenäen** zu einem Mekka für Wildcampingfans. Neben dem

**GR 11**, der Sie parallel zum GR 10 auf der französischen Seite einmal komplett durch die spanischen Pyrenäen vom Atlantik zum Mittelmeer führt, bieten die Pyrenäen unzählige weitere Tourenmöglichkeiten. Das Festland hat daneben noch viele kleine Gebirge mit Hochgebirgscharakter wie die Picos de Europa zu bieten, die sich für traumhafte kleinere Touren eignen. Auch entlang des **Camino Francés**, des berühmten Jakobswegs, wird Wildcamping teilweise (!) auf dem letzten Abschnitt vor Santiago toleriert.

Neben dem erlaubten Wildcamping oberhalb der Baumgrenze gibt es vielerorts auch die Möglichkeit, vor der Tour in der jeweiligen Gemeinde Genehmigungen für Campingstellen und sehr einfache Campingplätze einzuholen. Dies ist beispielsweise auf vielen kanarischen Inseln der Fall, allen voran **Teneriffa**, wo sich ganz nebenbei mit dem Teide der höchste Berg Spaniens befindet.

In Spanien profitieren Sie neben der großartigen Landschaft von einem extrem sonnenreichen und milden Klima. Viele Gebirgsregionen sind abgesehen von ein paar Hot Spots (Camino, Trockenmauerroute GR 221 auf Mallorca) wenig frequentiert und Sie sind hier schon deutlich einsamer unterwegs als im Alpenraum. Allerdings sind Wege und Markierungen auch in wilderem Zustand, als man es von den Alpenländern kennt.

*Gute Anlaufstelle für das Wildcamping: Ausgeschilderte Quelle auf dem GR 221, Mallorca, Spanien*

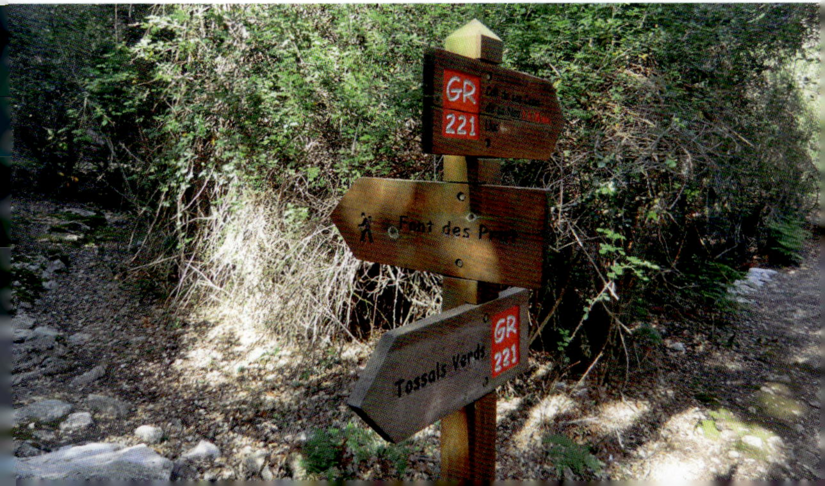

Da illegales Wildcamping in Spanien hart verfolgt und geahndet wird, holen Sie unbedingt immer den aktuellen Sachstand ein. Weite Teile der Wildnis sind überdies in Privatbesitz, wo Sie mit Ihrem Zelt eher kein willkommener Gast sind. Wenn Sie sich aber auf diese Dinge einlassen und Ihre Tour im Vorfeld entsprechend gut planen, werden Sie hier echte, einsame Wildcampingabenteuer erleben können.

## Skandinavien

Auch wenn ich selbst noch nicht in den **skandinavischen Ländern** wild campen war, führe ich sie auf meiner Liste ganz weit oben an. Denn es sind die Länder, die dank des sehr umfassenden **Jedermannsrechts** (☞ Die Gesetzeslage) fast jede und jeder als Erstes mit dem Thema Wildcamping assoziiert. Die Wildnis ist für alle da. Lediglich das Biwakieren in Sichtnähe von Straßen, Parkplätzen und Wohnhäusern ist untersagt. Ansonsten genießen unmotorisierte Wildcamperinnen und Wildcamper wohl nirgends auf der Welt so große Freiheiten wie hier, vor allem weil es aufgrund des umfassenden nationalen Rechts keinerlei Bürokratie gibt. Sie benötigen keine Genehmigungen oder sonst irgendwas, sondern können einfach losziehen. Etwas eingeschränkt ist das nur in den Schutzgebieten **Dänemarks**, dort müssen Sie markierte Campingstellen ansteuern, die aber reichlich vorhanden sind.

Was mich persönlich bisher davon abgehalten hat, in diesen Ländern auf Tour zu gehen, ist die diffizile Wetterlage mit regenreichen und eher frischen Sommern.

## Griechenland und die Türkei

In Griechenland und in der Türkei treffen Sie beim Thema Wildcamping in den Bergen auf wenig Rechtssicherheit, aber viel Toleranz. Diese sehr beliebten Urlaubsländer am Mittelmeer würde ich daher hinsichtlich ihrer Wildcampingkultur in einem Atemzug nennen. Damit einher geht allerdings auch, dass es keine wirkliche Bergwandertradition gibt. Weit- und Fernwanderwege werden oft nur durch private Initiativen instand gehalten und sind dürftig bis gar nicht markiert. Die wenigen Berghütten verdienen meiner Meinung nach den Namen fast nicht, weil sie recht willkürlich betrieben werden und wirklich überhaupt keine gesicherte Infrastruktur für das Gebirge stellen. Sie müssen vorher mit den Hüttenwartinnen und -warten in Kontakt treten und fragen, was überhaupt vor Ort an Kost und Logis möglich ist.

Wenn Sie mit diesen Gegebenheiten leben können, werden Sie in den meisten der unzähligen Gebirgsregionen **Griechenlands** auf Festland und Inseln völlig ungestört und einsam biwakieren können, denn es interessiert schlicht niemanden, obwohl es offiziell streng verboten ist. Ich selbst habe schon eine **Peloponnes**-Durchquerung auf dem E4 absolviert und war die meiste Zeit mutterseelenallein unterwegs.

In der **Türkei** ist vor allem der **Lykische Weg** entlang der gebirgigen lykischen Küste Anlaufstelle vieler Bergwanderinnen und Bergwanderer aus aller Welt. Obwohl es sich um einen offiziellen Fernwanderweg handelt und in der Türkei genau wie in Griechenland ein generelles Wildcampingverbot gilt, gibt es in den höchstgelegenen Abschnitten gar keine Infrastruktur. Das Wildcamping ist also zwingend erforderlich. Entsprechend groß ist auch die Toleranz bzw. Gleichgültigkeit den verrückten Wanderinnen und Wanderern gegenüber. Sie sind in den Orten entlang des Weges herzlich willkommen und so gibt es zumindest in den Tälern und entlang der Küste ein gutes infrastrukturelles Angebot mit günstigen Unterkünften und auch unzähligen Campingplätzen.

## Deutschland, Schweiz, Österreich, Italien

Die **deutschsprachigen Länder** und Italien fasse ich unter einem Punkt zusammen, denn sie eint beim Wildcamping im Gebirge ein eher stiefmütterlicher Umgang mit dem Thema. In Schutzzonen ist das geplante Biwakieren so gut wie überall verboten. Gleichzeitig haben diese Alpenländer mit ihren Alpenvereinen genau wie Frankreich eine exzellente Struktur für das Bergwandern sowie Bergsteigen errichtet, die neben hervorragend markierten und gewarteten Wegen eine große Menge an bewirtschafteten Berghütten vorhalten, wo Sie Kost und Logis bekommen. Während es in Frankreich gelungen ist, parallel dazu eine ausgeprägte Wildcampingkultur zu entwickeln, erlebe ich in Deutschland, der Schweiz, Österreich und Italien eine sehr ablehnende Haltung und finde sie unterm Strich nicht empfehlenswert für Wildcampingabenteuer.

**Italien** hält mit Biwakschachteln und unbewirtschafteten Hütten zwar auch eine Infrastruktur für das selbst organisierte Übernachten vor, aber in einem Wellblechverschlag oder einer halb verfallenen Hütte zu liegen, hat für mich keinen Reiz und nichts mit Wildcamping zu tun.

Ein paar Lichtblicke gibt es in **Deutschland**. Zum einen hat sich in der Sächsischen Schweiz die Tradition des Boofens gehalten, die von Kletterinnen und Kletterern etabliert wurde und die Übernachtung auf zahlreichen Plätzen zumindest ohne Zelt gestattet, zum anderen haben vor allem viele Mittelgebirge aufgrund der großen Nachfrage damit begonnen, eine Infrastruktur mit Trekkingplätzen zu errichten. Eine schöne Übersicht gibt es im Outdoor Magazin:

💻 www.outdoor-magazin.com/wandertipps/alles-ueber-trekking-camps-in-deutschland/

## USA, Kanada, Neuseeland, Australien

Wenn man über Wildcamping-Paradiese außerhalb Europas spricht, dann müssen diese vier englischsprachigen Länder meines Erachtens an erster Stelle genannt werden. Sie sind zum Wandern und Bergwandern bei Menschen aus aller Welt sehr beliebt wegen ihrer traumhaften, endlosen und hochgebirgigen Landschaftszüge, weitläufigen Steilküsten und wilder, einsamer Natur. Besonders attraktiv macht sie als Anlaufstelle für Outdoorabenteuer die immense Bedeutung und der hohe Stellenwert, die **The Great Outdoors** bei der Bevölkerung haben. Gefühlt alle Einheimischen sind im Outdoorfieber, an jeder Ecke gibt es Outdoorläden so groß wie bei uns Shoppingmalls und egal ob zu Land oder zu Wasser, auf Skiern oder zu Fuß, Ferien in der Natur begleiten die Menschen das ganze Jahr über. Noch nie habe ich auf einem Campingplatz größere Stellplätze gesehen als in diesen Ländern, wo man eher ein Areal mietet, das oft sogar noch durch Pflanzenbewuchs viel Privatsphäre mit Blickschutz bietet. Dazu gehören oftmals ein Tisch und Bänke sowie riesige Feuerstellen mit Grill. Gehobenere Campingplätze haben darüber hinaus noch umfassende Gemeinschaftsgebäude mit Aufenthaltsräumen und top ausgestatteten Selbstversorgerküchen. Auch eine schöne Anekdote: In den turbokapitalistischen USA gehören ausgerechnet Campingplätze zum staatlichen Sektor.

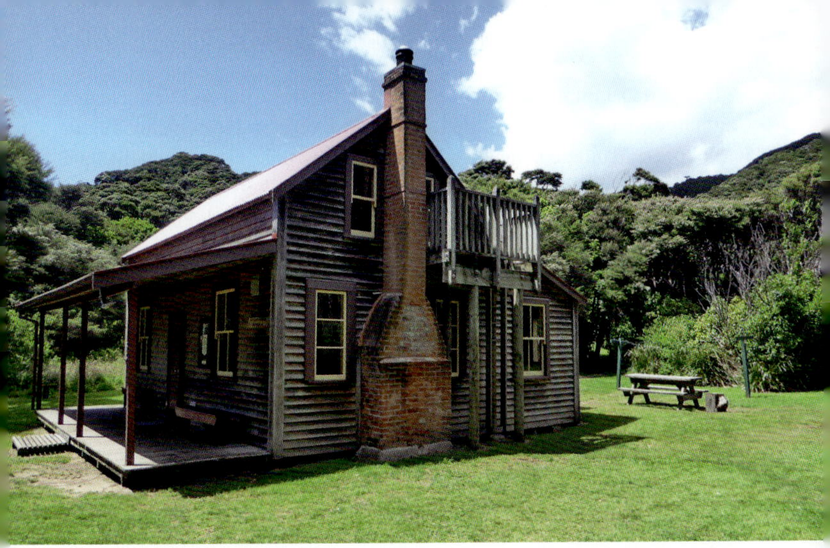

*Campingstelle mit Gemeinschaftshäuschen auf dem Abel Tasman Coast Track in Neuseeland*

Dennoch ist es in der Wildnis eigentlich außer an den absoluten Hotspots kaum mal überfüllt, da diese riesigen Länder eine solche Menge an Nationalparks haben, dass jede und jeder ganz individuell losziehen kann. Die hervorragende Infrastruktur macht auch spontane Unternehmungen leicht. Einzige Voraussetzung: ein Mietwagen.

Die **USA**, **Kanada**, **Neuseeland** und **Australien** einen neben dem Outdoor-Vibe auch die Regeln für das Wildcamping während Wanderungen und Bergtouren. Die Möglichkeiten für das Wildcamping sind schier unbegrenzt, gehen aber mit ein paar Standardprozeduren einher. Vor Start der Tour ist sehr oft die Registrierung im **Besucherzentrum** des jeweiligen Nationalparks erforderlich, vermehrt unter Entrichtung einer kleinen Gebühr. Manchmal werden Sie nach Ihrem Tourenvorhaben gefragt und müssen im Vorfeld angeben, wann Sie wo übernachten wollen. Die Besucherzentren sind hier oftmals riesige Checkpoints mit Absperrungen, wo Sie Ihr Fahrzeug auf großen Parkplätzen abstellen bzw. ab wo Sie für die Weiterfahrt im Nationalpark eine Genehmigung benötigen.

Das Wildcamping ist grob geregelt: Es ist meist nur auf festgelegten Campingstellen erlaubt, wo Sie manchmal auch eine kleine Infrastruktur wie einfache Toiletten, Feuerstellen oder sogar eine Gemeinschaftshütte vorfinden. Wenn Sie ein bisschen recherchieren, finden Sie aber auch viele Naturschutzzonen, wo Sie überall das Biwak aufschlagen können.

Ein großer Vorteil in diesen Ländern ist, dass es auch unterhalb der Baumgrenze an den Küsten unzählige Nationalparkzonen gibt, wo das Wildcampen erlaubt ist. Während es ja beispielsweise in Europa undenkbar wäre, sein Zelt an einem Strand aufzuschlagen, ist das dank der endlosen Küsten in diesen Staaten in den Nationalparks durchaus möglich. Die Optionen für Wildcampingtouren reichen also weit über das Bergwandern hinaus und bieten für Weit- und Fernwanderinnen und -wanderer unfassbar schöne Möglichkeiten, mit dem Zelt loszuziehen.

## Südamerika

In Südamerika finden Sie mit den **Anden** eine der dramatischsten und vielseitigsten Hochgebirgszonen der Welt vor. Sie sind mit etwa 9.000 km die längste Gebirgskette der Welt. Vom ewigen Eis in Feuerland ziehen sie sich zwischen **Chile** und **Argentinien**, dann zwischen **Peru** und **Bolivien** und weiter durch **Kolumbien** und **Ecuador** über den Äquator bis nach **Venezuela**. Der einzige wachsende Gletscher der Welt im **Nationalpark Los Glaciares**, aktive Vulkane, Gletscher- wie Wüstenzonen, extrem wasserreiche Gegenden mit einigen der schönsten Seen und größten Wasserfällen der Welt bieten Ihnen ein schier unendliches Wildnisparadies. Das stößt jedoch auf nur rudimentär vorhandene Infrastruktur an einigen Hotspots, die allerdings auch extremst überlaufen sind. Für diese Regionen, wie den Nationalpark Los Glaciares in Argentinien oder den Inka Trail in Peru, werden mittlerweile limitierte Tickets vergeben, um die Überfüllung durch Bergwanderinnen und Bergwanderer aus aller Welt zu vermeiden.

Abseits dieser wenigen Stellen finden Sie überall Nationalparks und andere Naturschutzzonen, die zwar schon recht stark frequentiert sind, aber Bergwandern als solches ist hier vielerorts ein Fremdwort. Die Besucherinnen und Besucher machen größtenteils kleine Standardtouren oder halten sich nur an den Seeufern zum Baden auf. Manchmal ist das Buchen von Tourguides eine Voraussetzung, um sich im Park bewegen zu können.

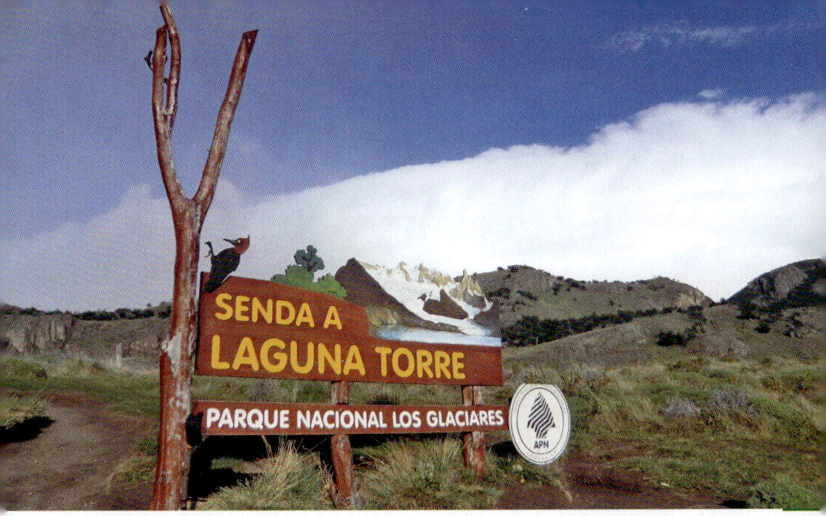


*Wegweiser zur Laguna Torre, Nationalpark Los Glaciares in Argentinien*

Wenn Sie aber etwas Energie und Zeit investieren, finden Sie in Südamerika unbegrenzte Möglichkeiten für die verrücktesten und schönsten Wildcampingabenteuer.

Zeit ist das, was Sie vor allem brauchen, denn es ist teilweise etwas aufwendig, die notwendigen Informationen zu erhalten und vor Ort alles zu regeln. Die Zugänge zu den Nationalparks werden zudem vielerorts privat betrieben, was nicht nur im Widerspruch zum Naturschutz steht, sondern auch mit einem entsprechenden Geschäftsmodell einhergeht. Eintritt und Parkgebühren zu entrichten, ist Standard, wenngleich das selten teuer ist. Die Öffnungszeiten und Genehmigungsverfahren werden sehr willkürlich gehandhabt. Meistens kommen Sie an einen **Checkpoint**, wo Sie sich registrieren und Ihr Tourenvorhaben schildern sowie eine Gebühr dafür entrichten. Dann können Sie fast immer mit Ihrem Mietwagen in den Nationalpark zum Ausgangspunkt Ihrer Tour fahren.

Die gepflegten Wanderwegenetze sind sehr klein, was aber nicht schlimm ist, da sie abseits der erwähnten Hotspots kaum begangen werden und Sie somit gute Chancen haben, ganz allein unterwegs zu sein. Wildcamping ist an sehr vielen Orten erlaubt, in der Regel an markierten Campingstellen.

# Der geeignete Platz

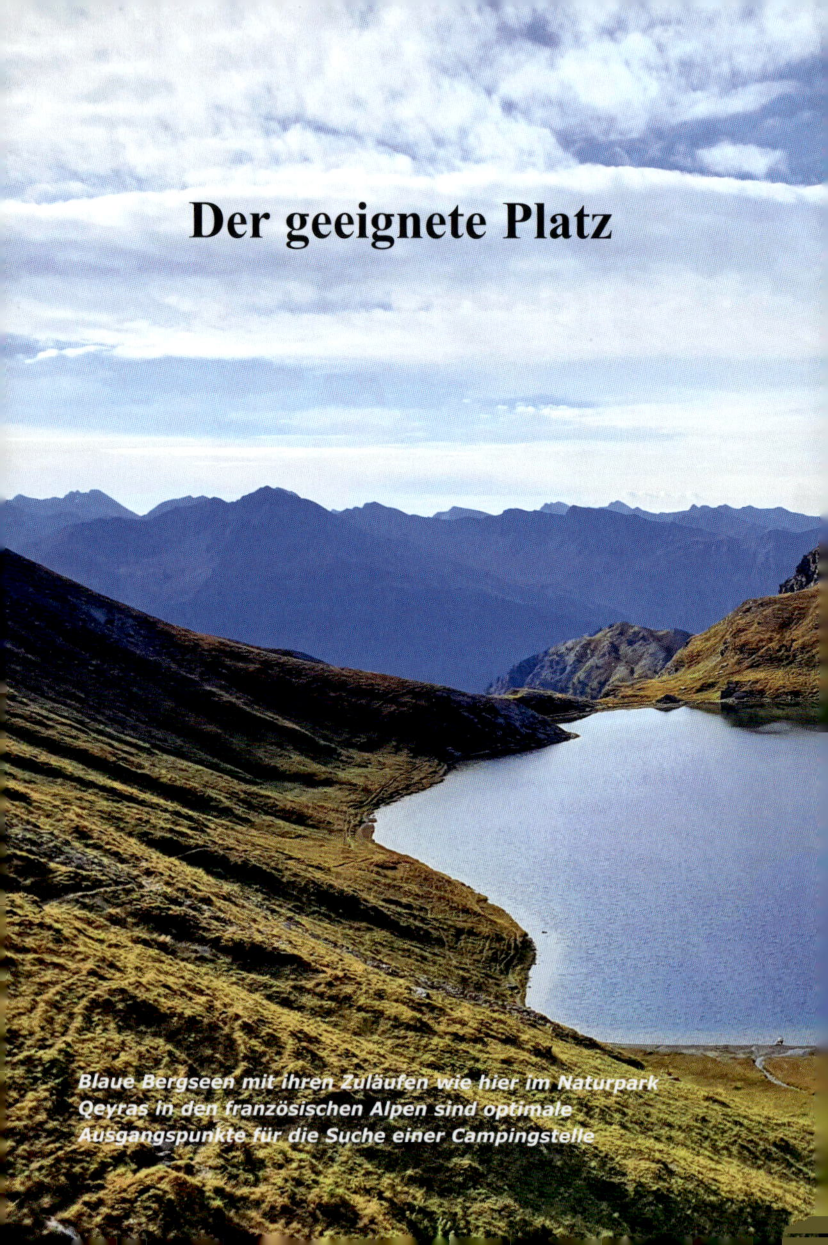

Blaue Bergseen mit ihren Zuläufen wie hier im Naturpark Qeyras in den französischen Alpen sind optimale Ausgangspunkte für die Suche einer Campingstelle

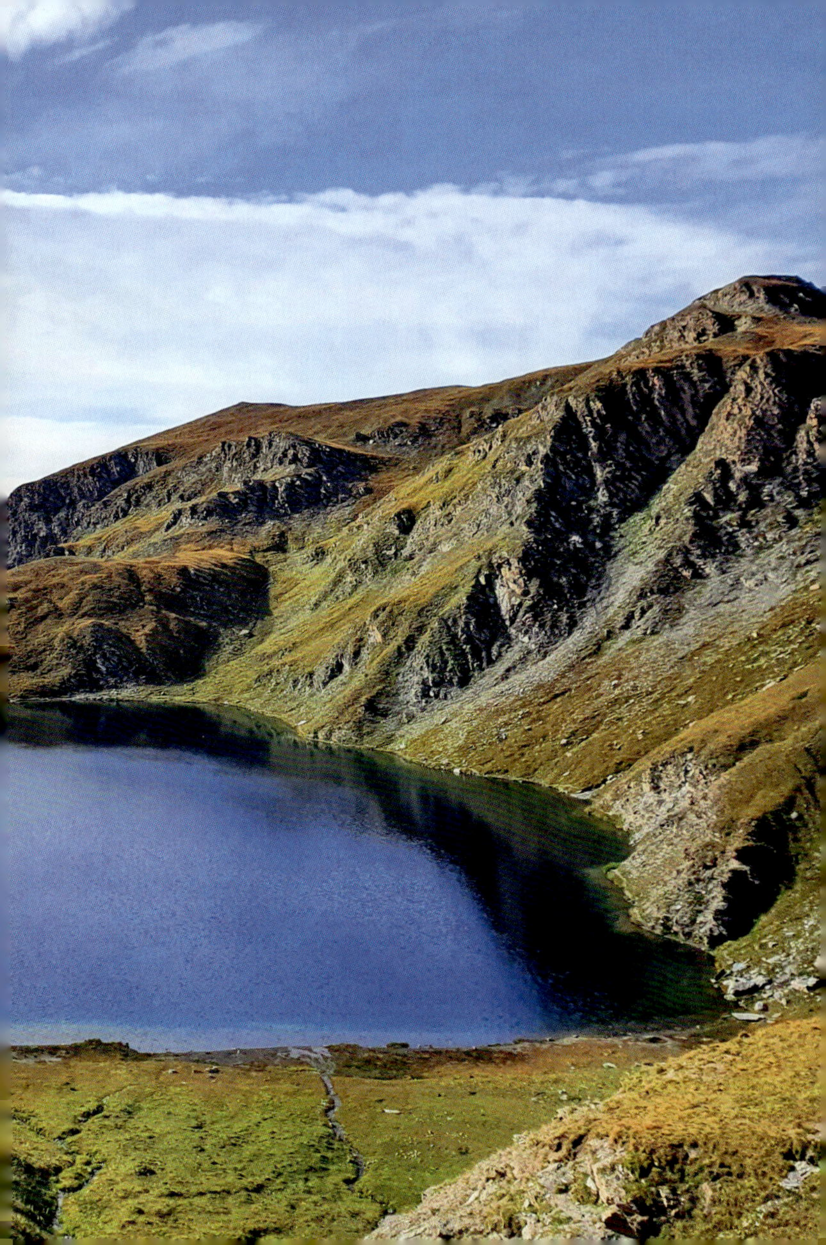

Sie haben sich informiert, wo auf Ihrer geplanten Bergtour das Wildcamping legal oder zumindest toleriert ist und welche generelle Wildcampingkultur in Ihrem Zielland gelebt wird. Nun kann es mehr in die Details vor Ort gehen. Damit Sie nicht bei Einbruch der Dämmerung panisch eine Schlafgelegenheit finden müssen, suchen Sie sich am besten im Abstand von Tageswanderungen schon im Vorfeld geeignete Campingstellen raus oder machen sich mit dem Gelände so weit vertraut, dass Sie dann vor Ort nicht lange suchen müssen. Wenn in den Karten Campingstellen markiert sind, sollten Sie sich vorab mit der Karte beschäftigen, sodass Sie diese dann vor Ort finden und innerhalb eines Tages die nächste Stelle erreichen können.

Den **perfekten Platz** für das Wildcampinglager würde ich so beschreiben: mindestens eine Stunde von Straßen und Bebauungen entfernt, etwas abseits vom Wanderweg für die Privatsphäre, eine flache Stelle mit weichem Waldboden, in dem sich die Heringe gut fixieren lassen. Die Bäume bieten dabei Schutz vor Blicken, Sonne, Wind und Niederschlag. In der Nähe befindet sich eine Quelle und versorgt Sie mit purem, frisch von der Natur gefiltertem Trink- und Waschwasser. Die Uferzone ist weit genug weg vom Zeltplatz, dass morgens nicht alles vom Grundwasser durchnässt ist.

## Schutzraum

Bei vorgegebenen Biwakplätzen werden Sie feststellen, dass diese sehr oft einen hohen **Baumbestand** aufweisen, denn dieser bietet einen **vegetativen Schutzraum**. Bäume gibt es dort, wo es fruchtbaren Boden gibt. Natürliche Wasserstellen für die ☞ Wasserversorgung sind unterhalb der Baumgrenze auch von Bäumen gesäumt. Im Umfeld von Bäumen findet sich zudem eine üppige Vegetation, die sich den Schutzraum durch diese zu eigen macht und Ihnen beim Wildcamping ebenfalls zuträglich ist. Der Blätter- und Pflanzenbestand dient als Sonnen-, Wind- und Regenschutz zugleich und schirmt Ihr Lager auch vor Blicken von Passantinnen und Passanten ab. Am besten nächtigen Sie in der Nähe von Laubbäumen. Nadelbäume sind keine so guten Nachbarn, da die herumliegenden Nadeln den Zeltauf- und -abbau erschweren und überall in der Ausrüstung landen. Hier kommt es etwas auf die Situation vor Ort an, ob die Campingstelle geeignet ist oder nicht.

Natürlich sind Bäume manchmal auch eine Gefahr, da bei stürmischem Wetter Äste herunterfallen und an Mensch und Zelt ernste Schäden verursachen können. Ein bisschen Erfahrung und Bauchgefühl sind erforderlich, damit Sie Ihr Zelt an der richtigen Stelle aufschlagen. War es in den letzten Nächten schon stürmisch und es liegen reichlich Äste herum, dürften die größten Gefahren bereits gebannt sein. Dennoch ist eine Campingstelle mit ausreichend Abstand zu den Baumkronen zu wählen. Da auch Blitze sich häufig Bäume als Ableiter suchen, ist das ein weiterer Grund, das Zelt mit gebührendem Abstand zu den Stämmen aufzuschlagen.

Wenn Sie oberhalb der Baumgrenze unterwegs sind, fallen Bäume als Schutzraum entsprechend weg. Deswegen sollten Sie nach **geologischen Schutzräumen** suchen, denn exponierte Stellen mögen schön aussehen, bedeuten aber auch, dass Sie dem Wetter gegenüber ziemlich exponiert sind. **Hochebenen** und besonders die am Kopfende befindlichen **Talschlüsse** sind solche geschützten Bereiche, da sie oft von zwei bis drei Felswänden umgeben sind. Auch sind sie oft wasserreich, sodass Sie leicht eine gute Wasserstelle finden. Ganz oft haben sich hier auch **Bergseen** gebildet, sodass diese ein großartiger Orientierungspunkt und Ausgangspunkt für das Suchen einer gut geeigneten Stelle zum Aufbau des Zeltes sind.

Zusätzlich zum vegetativen und geologischen Schutzraum können Sie sich mit den verfügbaren Mitteln Ihren **persönlichen Schutzraum** bauen. Äste und Steine eignen sich gut zum Errichten von kleinen Mäuerchen bzw. einem Schutzwall rund um das Zelt. Nicht selten werden Sie an bekannten Wildcampingstellen schon entsprechende Errichtungen vorfinden und können diese nun selbst nutzen und ein wenig ausbessern, dann freut sich auch der nächste Übernachtungsgast. Die **Feuerstelle** für den Campingkocher muss fast immer etwas geschützt werden, weil die Bergwinde doch sehr stark sein können.

## Erdboden

Was den Untergrund angeht, muss dieser natürlich eben sein. Ansonsten eignet sich kaum bis gar nicht bewachsener Erdboden am besten für den Zeltaufbau. Hier liegt der Zeltboden sehr gut auf. Das ist ein weiterer

Grund, warum Baumbestand sehr hilfreich ist. Denn dort findet sich typischerweise feste Erde als Untergrund, in der die Heringe gut halten.

Steine und Kiesel sorgen nicht nur für eine unbequeme Nacht, sondern machen auch das Zelt kaputt. Sie sollten also vor dem Zeltaufbau sorgsam entfernt werden.

Gras ist als Untergrund manchmal auch eher schwierig und nur in niederen Lagen empfehlenswert, denn die Grasstoppeln können gerade bei den Hochgebirgsgräsern sehr fest sein und die Gräser Stacheln und scharfe Kanten haben. Hier liegt das Zelt ziemlich uneben auf und die Verletzungsgefahr beim Betreten und Verlassen ist recht hoch. Auch andere stachlige Gewächse wuchern gern im Schutz der Gräser. Ein Problem beim Wildcamping ist auch der im hochalpinen Raum typische Polsterwuchs: Wegen der rauen klimatischen Bedingungen bilden die verschiedenen Pflanzen zusammen große Polster und schützen sich so gegenseitig. Diese Polster sind nicht nur extrem uneben, sondern auch mit Moos überzogen und insgesamt ziemlich matschig und nass.

## Wasserversorgung

Ja, man kann ohne Wasserversorgung wild campen. Doch das ist genauso spaßig wie eine Wohnung ohne Wasseranschluss. Natürlich benötigen Sie nach einer langen Bergtour ausreichend Trinkwasser zur Regeneration und sich vom Schmutz und Schweiß zu befreien und nicht ungewaschen in den Schlafsack kriechen zu müssen, ist schon auch recht angenehm. Auch das Campinggeschirr nach der Benutzung säubern zu können und gelegentlich mal die Kleidung zu waschen, gehört zur Grundhygiene und macht Ihr Outdoorerlebnis in vielerlei Hinsicht angenehmer.

Für extrem trockene Regionen ohne natürliche Wasservorkommen bleibt Ihnen nur der Transport von großen Wassermengen mit Wasserbeuteln aus dem Outdoorladen. Das ist aber doch eher die Ausnahme beim Bergwandern, da so gut wie alle Bergregionen auch wichtige Grundwasserspeicher sind und über große Wasservorkommen verfügen. Die perfekten Wasserstellen im Gebirge sind **Quellen**. Hier kommt das Wasser frisch gefiltert und damit natürlich aufbereitet aus der Erde und kann so gut wie immer bedenkenlos getrunken werden.

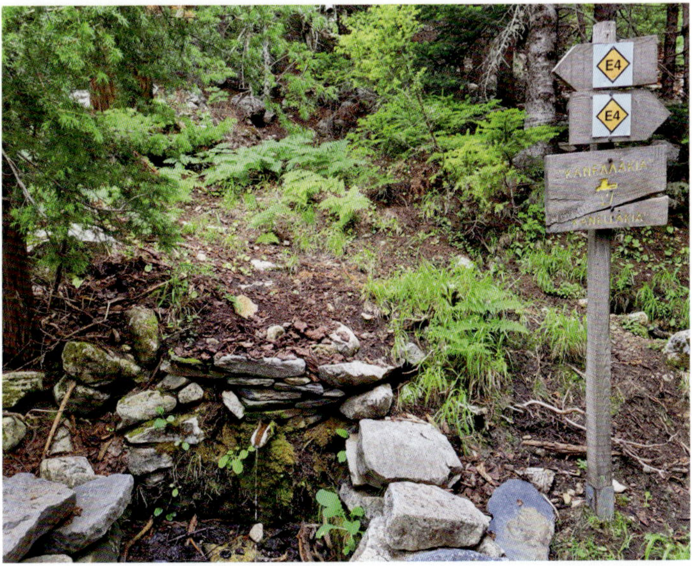


*Kanellakia-Quelle auf dem E4 Peloponnes, Griechenland*

Eine gute Alternative bieten **Bäche** und je näher an der Quelle des Bachs Sie sind, desto größer ist die Wahrscheinlichkeit, dass das Wasser eine gute Qualität hat. Je breiter das Fließgewässer und je weiter unten im Tal Sie sich befinden, desto kritischer ist die Wassersituation. Auch wenn das Wasser sauber aussieht, kann es durch Kot und andere Ausscheidungen oder auch Kadaver mit Viren und Bakterien verunreinigt sein. In tieferen Gewässern finden sich außerdem mehr Partikel, die das Wasser ebenfalls verunreinigen. Deswegen ist dann die Aufbereitung wie unter ☞ Ausrüstung beschrieben erforderlich.

Kommen wir zu den **Seen**: Nur im äußersten Notfall und nur mit Aufbereitung sollten Sie stehendes Wasser konsumieren. Hier kann sich alles Mögliche an Ablagerungen von Pflanzen und Tieren gebildet haben und Sie wissen nicht, wie lange das Wasser sich da schon angesammelt hat und wie schnell es sich austauscht. Selbst wenn Sie es aufbereitet haben, ist es oft noch geschmacklich ziemlich schwierig.

Ein Indiz für die Wasserqualität eines Sees ist die **Farbe**: Grün oder braun in der Sonne schimmerndes Wasser wird hauptsächlich von Niederschlag gespeist bzw. nur langsam durch die Zuflüsse erneuert und hat dementsprechend eine fragwürdige Qualität. Die grüne oder braune Farbe rührt nämlich von Algen und Partikeln her. Blau schimmerndes Wasser wird hauptsächlich von Zuflüssen gespeist und verspricht eine bessere Qualität und einen hohen Sauerstoffgehalt. Türkises Wasser bewegt sich farblich und auch qualitativ dazwischen. Von Gletschern gespeiste Seen sind grau und trüb, da sich im Gletscherabfluss viel Gesteinsmehl befindet, das wird als Gletschermilch bezeichnet. Sie ahnen es: auf gar keinen Fall trinken.

Auch wenn sich ihr Wasser nicht zur Verwendung eignet: Wie zuvor ausgeführt sind Bergseen ein perfekter Ausgangspunkt für das Suchen einer Campingstelle. Sie haben sich in der Regel an Stellen gebildet, die durch umliegend verlaufende Felswände wettergeschützt sind, weisen also auf ☞ Schutzräume hin. Außerdem bringt es ein See mit sich, dass das Gelände mindestens stellenweise recht flach sein muss, sodass sich ein ebener Platz für das Zelt finden sollte.

Ein weiterer Vorteil ist, dass Seen meistens **Zuläufe** haben, worauf wie beschrieben insbesondere eine blaue Wasserfarbe hindeutet. Sie können die Zuläufe statt des stehenden Wassers für Ihre Wasserversorgung nutzen. So haben Sie frisches Fließwasser. Wenn Sie Ihr Lager an einem See aufschlagen, suchen Sie deswegen immer zuallererst nach Zuflüssen und schöpfen Sie Ihr Wasser von dort.

Beachten Sie beim Zeltaufbau: Was für Baumstämme gilt, das gilt für Gewässer erst recht! Halten Sie ausreichend Abstand. Nicht nur, dass jederzeit das Wasser über die Ufer treten kann, der Boden der gesamten Uferzone unterliegt auch einer hohen Feuchtigkeit, ist oft recht sumpfig und überall können plötzlich Wasserlachen entstehen. Die Luftfeuchtigkeit ist in der Nähe von Gewässern erhöht, was sich im Zelt durch erhöhtes Aufkommen von Kondenswasser an der Innenseite und morgens extrem viel Morgentau auf der Außenseite bemerkbar macht, denn in der Nacht kondensiert die in der Luft befindliche Feuchtigkeit durch die Abkühlung.

Wenn Sie in heißen Gegenden und nicht in Höhenlagen campen, dann haben Sie **Insekten** als zusätzliches Problem bei stehenden Gewässern. Denn diese sind die Brutstätten für Moskitos, sodass Sie umso dringender das Zelt mit gebührendem Abstand aufbauen müssen. Ab einer gewissen Höhe mit entsprechend niedrigen Durchschnittstemperaturen und Hochgebirgsvegetation brauchen Sie sich deswegen aber keine Gedanken machen, da stechende Insekten hier nicht mehr vorkommen.

## Plätze auf der Karte finden

Sobald Sie sich für eine bestimmte Tour entschieden haben, ist es extrem empfehlenswert, sich schon vor Aufbruch mit den Gegebenheiten vor Ort vertraut zu machen. Nichts ist unangenehmer, als in der Dämmerung hastig nach einem Platz suchen zu müssen. Wie vorangehend beschrieben sollten Sie auf ein paar Dinge achten, um keine bösen Überraschungen beim Aufschlagen Ihres Zeltes zu erleben. Schon vor der Tour können Sie das Kartenmaterial nach geeigneten Stellen entlang Ihrer geplanten Route durchforsten. Oftmals werden ja auch von den Nationalparkverwaltungen Campingstellen vorgegeben, sodass Sie diese auf dem topografischen Kartenmaterial finden können. Es ist also wichtig, dass Sie sich schon vor der Tour mit der Karte vertraut machen und wissen, wo auf der Karte sich die markierten Stellen befinden. Dass sie vorgegeben sind, heißt auch nicht unbedingt, dass sie alle gleich geeignet sind. Prüfen Sie also, welche Campingstellen Ihre Bedürfnisse erfüllen und innerhalb von eintägigen Wanderungen erreicht werden können. Das gilt erst recht, wenn es keine vorgegebenen Stellen gibt und Sie sich selbst überlegen, wo Sie übernachten wollen.

Eigentlich brauchen Sie nur drei Dinge zu beachten. Zuerst die **Wasserstellen**: Quellen werden mit blauen Tropfen oder Kreisen in topografischen Karten dargestellt und sind in der Regel auch als Quelle beschriftet.

Dann schauen Sie, welche Wasserstellen **Schutzräume** bieten. Wie ausgeführt eignen sich baumreiche Flächen besser für ein Nachtlager als nackte Flächen, weil sie einen natürlichen Schutzraum bieten. Bäume sind kleine grüne Kreise und Waldgebiete dunkelgrüne Zonen auf der topografischen Karte.

In baumfreien Zonen und oberhalb der Baumgrenze suchen Sie nach Seen, die sich auch fast immer in natürlichen Schutzräumen gebildet haben. Alternativ versuchen Sie, in der Nähe von Flussläufen zu übernachten. Seen und Flüsse sind blau eingezeichnet und auf den topografischen Karten leicht als solche zu erkennen. Beachten Sie jedoch: Ob sie wirklich Wasser führen, wenn Sie da sind, lässt sich von der Karte nicht ableiten. Viele Gewässer im Gebirge können in den heißen Monaten versiegen.

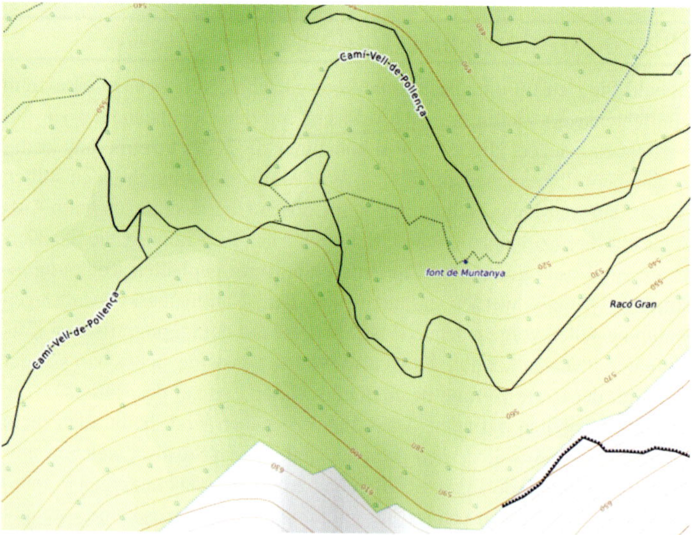


*Gute Stelle für das Wildcamping an einer Quelle auf einem Nebenweg mit Baumbestand und weit auseinander liegenden Höhenlinien*

Jetzt sollte es auch noch einigermaßen eben sein, damit Sie das Zelt aufbauen können. **Höhenlinien** werden auf topografischen Karten meist in braun eingetragen. Sie können nur aus der Beschriftung ableiten, welchen Höhenmeterabstand sie darstellen. Das können nur 10 Höhenmeter sein, aber auch 100. Grundsätzlich ist aber am wichtigsten: Je weiter die Höhenlinien voneinander entfernt sind, desto weniger steil ist die Landschaft und desto besser steht die Chance für eine ebene Campingstelle.

# Die gängigen Verhaltensregeln

Die im Kapitel ☞ Planung angeführte Abgrenzung zwischen Camping, Wildcamping und Biwak impliziert gängige Verhaltensregeln beim Biwakieren mit oder ohne Zelt, an die Sie sich unbedingt vor Ort an der Zeltstelle halten sollten. Mit diesen gängigen Regeln möchte ich das Kapitel „Der geeignete Platz“ abschließen.

Die hier genannten Regeln werden vor Ort manchmal explizit ausgeführt, aber oft wird es auch stillschweigend erwartet, dass Sie diese verinnerlicht haben und befolgen. Wenn Sie sich unsicher sind, dann sprechen Sie jemanden an, denn die tolerierteste Form des Wildcampings ist immer noch eine, die auf einer konkreten Absprache beruht.

Wenn man Sie auf Ihr Vorhaben anspricht oder Sie jemandem Ihr Vorhaben schildern, sprechen Sie wie im Kapitel ☞ **„Die Begriffe Wildcamping, Camping und Biwak“ ausgeführt** am besten immer davon, dass Sie **biwakieren** möchten.

Legales und toleriertes Wildcamping im Rahmen von Bergwanderungen hat sehr viel mit Unauffälligkeit und **Diskretion** zu tun und auch mit Fingerspitzengefühl, was angemessen ist und was nicht. Sie sind Gast in der Natur und Ihr Ziel sollte es sein, Flora und Fauna so wenig wie möglich mit Ihrer Anwesenheit zu behelligen oder gar zu beeinträchtigen. Gleiches gilt natürlich auch für Menschen, die in der Region leben oder arbeiten, wo Sie wild campen möchten.

Nur mit diesen grundlegenden Verhaltensregeln können wir sicherstellen, dass Wildcamperinnen und -camper auch weiterhin toleriert und akzeptiert werden mit ihrem etwas verrückten Tun. Natürlich ist es auch so, dass die Regelungen mancherorts toleranter gefasst sind und beispielsweise offenes Feuer oder das Übernachten neben einer Berghütte ausdrücklich erlaubt werden. Abgesehen davon sind dies die gängigen und gegebenenfalls unausgesprochenen Regeln, die Sie immer befolgen sollten:

▷ **Leave no trace**: Die erste und wichtigste Regel: Keine Spuren hinterlassen! „Leave no trace“ ist dafür weltweit das gängige Motto. Verlassen Sie den Ort so, wie Sie ihn vorgefunden haben.

- **Dämmerungsregel**: Am diskretesten und ungestörtesten sind Sie unterwegs, wenn Sie das Zelt erst in der Abenddämmerung aufbauen und in der Morgendämmerung wieder abbauen.
- **1-Stunden-Regel**: Der Ruheplatz sollte mindestens eine Stunde Fußmarsch abseits der letzten zugänglichen Ortschaften, Liegenschaften, Straßen, Berghütten und Außengrenzen von Naturschutzzonen liegen.
- **1-Nacht-Regel**: Bleiben Sie immer nur eine Nacht an einem Ruheplatz und wandern Sie am nächsten Morgen weiter.
- **50-m-Regel**: Verschmutztes Wasser kann das Leben von Mensch und Tier gefährden. Wasser darf nicht durch Fäkalien, Essensreste, Kosmetik, Seifen – auch nicht durch vollständig biologisch abbaubare! – oder sonstigen Müll verunreinigt werden. Halten Sie daher mit allem, was die Reinheit des Wassers gefährdet, 50 m Abstand.

*Regelwerk im Nationalpark Écrins, Frankreich*

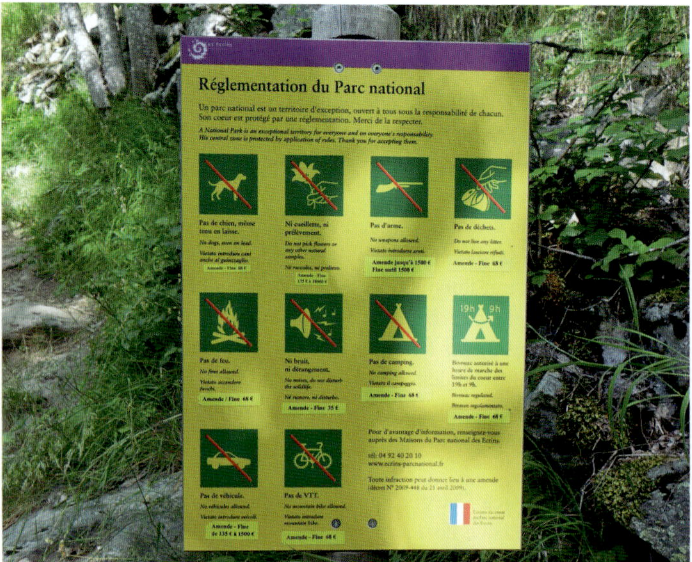

- ▷ Bauen Sie deshalb das **Zelt** nicht im direkten Umfeld von Bächen und Seen, sondern mindestens 50 m entfernt auf.
- ▷ Halten Sie auch für die eigene **Körperpflege** und das Reinigen von Geschirr den 50-m-Abstand zu Gewässern ein und verwenden Sie dafür ausschließlich vollständig biologisch abbaubare Reiseseife.
- ▷ Halten Sie auch bei **Toilettengängen** 50 m Abstand zum Wasser.
- ▷ **Fäkalien** müssen zum Schutz der Natur vergraben werden und auch Ihren Mitmenschen tun Sie damit einen Gefallen.
- ▷ **Wildtiere** dürfen nicht gefüttert, angefasst oder vorsätzlich gestört werden, um ihren natürlichen Lebensraum nicht zu beeinträchtigen.
- ▷ **Lebensmittel und Abfälle** sind geruchssicher zu verpacken, damit keine Wildtiere angelockt werden.
- ▷ Jede Form von **Abfall**, auch benutztes Toilettenpapier, ist mitzunehmen. Das Verbrennen und das Vergraben von Abfall sind verboten.
- ▷ Das Herabrollen von **Steinen und Felsbrocken** ist selbstverständlich zu unterlassen. Menschen und Tiere, die weiter unten unterwegs sind, könnten ernsthaft verletzt werden. Sie können Steine aber gut zum Errichten eines Windschutzes verwenden, um die Feuerstelle oder das ganze Nachtlager mit einem kleinen Wall zu schützen. Das ist die einzige Ausnahme der „leave no trace“-Regel.
- ▷ **Holz- und Kohlefeuer** sind zu unterlassen. Verwenden Sie Campingkocher mit Gas, Spiritus oder Benzin.
- ▷ **Vorgegebene Wege und markierte Campingstellen** dürfen nicht verlassen werden. Das Abkürzen von Wanderwegen und im Falle markierter Campingstellen der Aufbau des Zeltes abseits von diesen ist zum Schutz der Natur und auch zu Ihrer eigenen Sicherheit streng verboten.
- ▷ Falls **Weidezäune mit Toren** ein Gelände eingrenzen, hinterlassen Sie sie so, wie Sie sie vorgefunden haben. Offene Tore bleiben offen und geschlossene Tore werden wieder geschlossen.
- ▷ Das Ausgraben, Pflücken und der Verzehr von **Pflanzen** ist zu unterlassen.

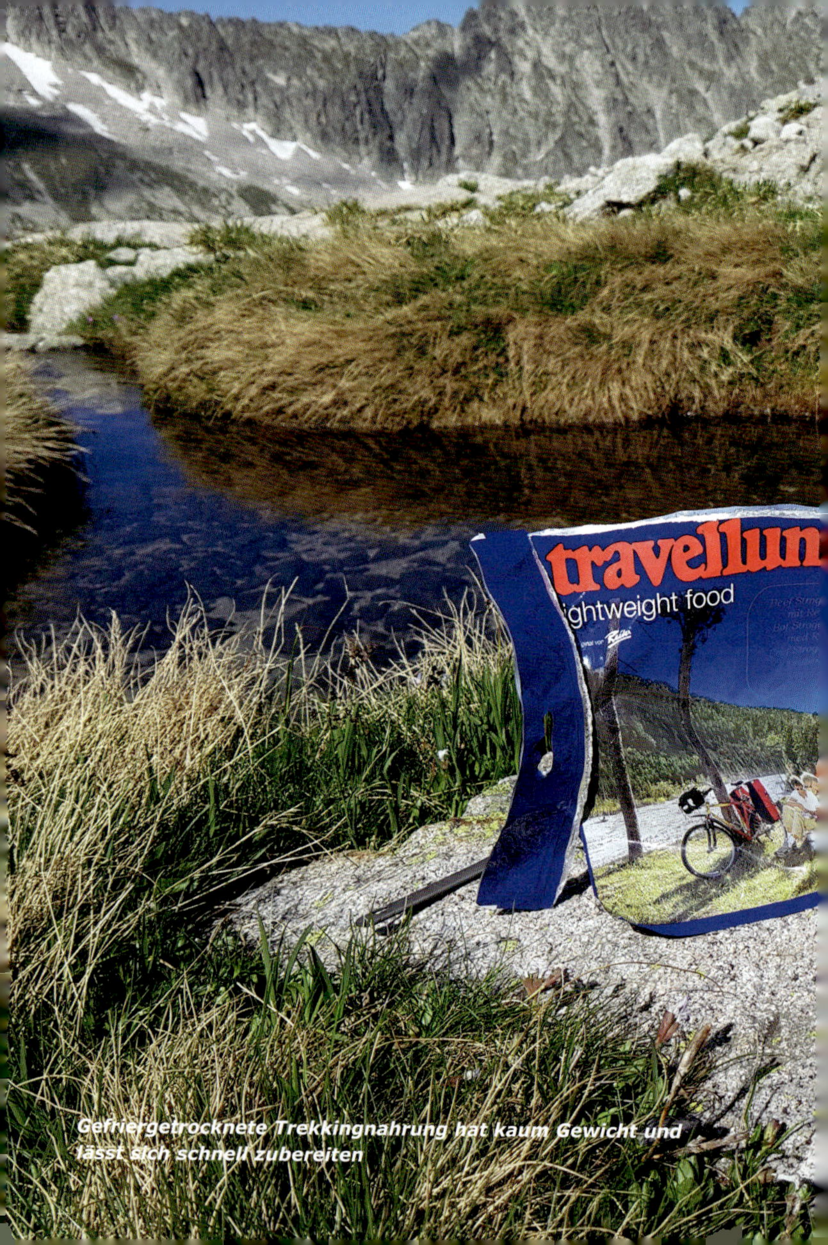


Gefriergetrocknete Trekkingnahrung hat kaum Gewicht und lässt sich schnell zubereiten

# Die erforderliche Ausrüstung

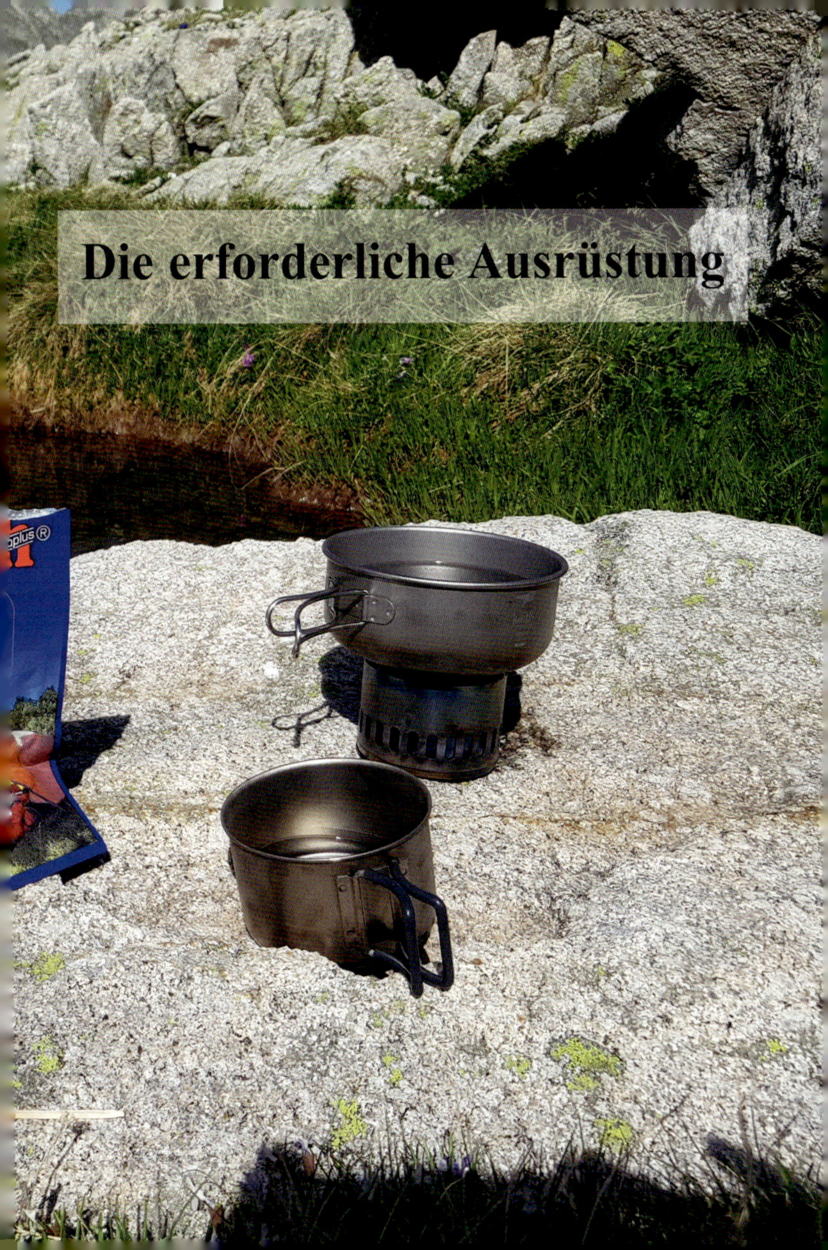

Im Kapitel zur ☞ Planung habe ich mich damit auseinandergesetzt, welche Formen des Wildcampings legal und toleriert sind und welche Wildcampingkultur Sie in verschiedenen Ländern erwartet. Im Kapitel zum ☞ Platz ging es darum, wie Sie vor Ort geeignete Zeltstellplätze finden und welche Verhaltensregeln Sie dort befolgen sollten.

Damit Sie einerseits für alle Gegebenheiten hinsichtlich des Wetters gewappnet sind und Ihre körperlichen Bedürfnisse von Ernährung über Hygiene bis Schlaf erfüllen können und damit Sie andererseits den gängigen Regeln in der Natur wie Umweltschutz und Diskretion gerecht werden, brauchen Sie eine gute und verlässliche Ausrüstung für das Wildcamping.

Zunächst einmal: Die Natur ist nicht Ihre Freundin. Ganz im Gegenteil, Mutter Natur hat ziemlich viele Schützlinge zu versorgen, die nur lebensfähig sind, wenn der **Naturkreislauf** funktioniert. Daher nimmt sie sich alles, was sie braucht ohne Rücksicht auf Verluste, um es in den Kreislauf einzuspeisen. Wer beispielsweise einmal einem Berggewitter mit sturzbachartigem Regen, der alles mitschwemmt und in Muren zu Tal reißt, beigewohnt hat oder sich ein Bild davon machen konnte, wie schnell Tierkadaver und tote Pflanzen in der Wildnis zersetzt und recycelt werden, weiß, wovon ich spreche. Sie sind mit Ihrem Zelt also eher ein Störfaktor bei den natürlichen Abläufen. Eine Übernachtung im abgeschiedenen Gebirge konfrontiert Sie daher mit allerlei unwirtlichen Gegebenheiten bis hin zu Gefahren, die Ihre Gesundheit und Ihr Leben bedrohen können.

**Umweltschutz** hat gleichzeitig oberste Priorität! Auch wenn die Natur Sie nicht schützt, müssen Sie umgekehrt die Natur schützen, eben weil der funktionierende Naturkreislauf unser aller Lebensgrundlage ist. Somit brauchen Sie eine Ausrüstung, die Ihnen den notwendigen Schutz bietet, ohne aber Schaden in der Natur zu hinterlassen.

Beim Bergwandern haben Sie genau eine Rucksackladung an Platz zur Verfügung, um allen Unwirtlichkeiten die Stirn zu bieten und sich abends Ihren kleinen Schutzraum aufzubauen, mit dem Sie gut durch die Nacht kommen. Die entscheidendsten Ausrüstungsgegenstände für eine zufriedenstellende Bergtour mit einigermaßen erholsamer Nachtruhe sind Rucksack, Zelt, Isomatte und Schlafsack. Sie werden auch als **Big 4**, die großen Vier, bezeichnet, da sie nicht nur am wichtigsten sind, sondern auch den größten Anteil des Packgewichts auf sich vereinen. Nehmen Sie sich deshalb ausreichend Zeit, hier funktionale und leichte Produkte zu finden, und sparen Sie nicht an der falschen Stelle. Wenn Sie für alle Big 4 Artikel finden, die jeweils deutlich unter 1 kg wiegen, haben Sie den Grundstein für eine Packliste mit optimalem Packgewicht gelegt, das Ihnen nicht den Spaß an der Tour versaut und Gelenkschmerzen verursacht.

Wenn Sie wissen wollen, welche Artikel ich selbst gerade unterwegs dabeihabe, schauen Sie sich gern meine stetig aktualisierte Ultraleicht-Trekking-Packliste an:

www.gipfelwelt.net/packliste

## Nässe- und Windschutz

Die Nässe ist sicher die größte Herausforderung beim Wildcamping, denn sie stellt in diversen Bereichen und Situationen ein Problem dar, wenn Sie in der freien Natur übernachten wollen.

*Ein Trekkingzelt muss manchmal auch Hagel standhalten*

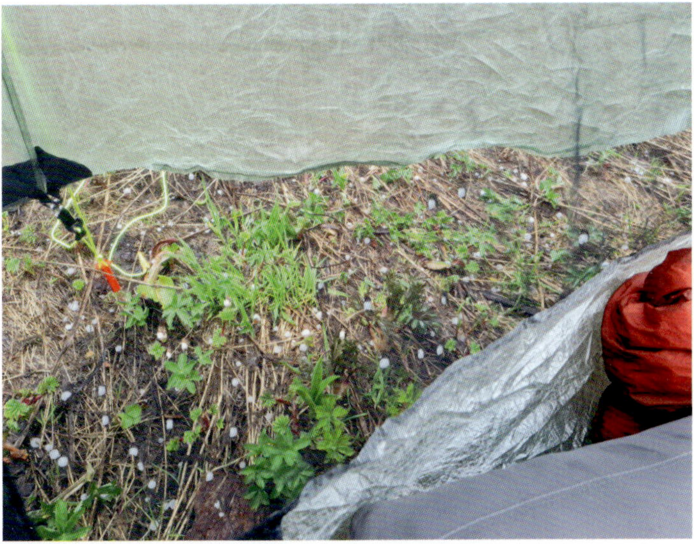

Zunächst einmal brauchen Sie eine Ausrüstung, die Sie vor der Nässe von oben schützt. **Niederschlag** tritt in Hochgebirgsregionen sehr häufig und überraschend auf und kann ganzjährig diverse Aggregatszustände von Nieselregen über Platzregen und Schnee bis hin zu Hagel aufweisen. Auch **Winde** wehen fast immer im Gebirge, sind oft eisig kalt und ziemlich stark und böig. Damit Sie nicht auskühlen und vielmehr ruhig schlafen können, brauchen Sie daher guten Windschutz.

Schon bevor Sie Ihr Nachtlager aufschlagen, müssen Sie Ihre Habseligkeiten erst mal trocken und sicher dorthin bekommen. Deswegen fange ich mit dem **Rucksack** an. Er sollte in etwa 45 Liter Packvolumen haben, damit die gesamte ☞ Packliste darin Platz findet. Die Modelle werden immer leichter, ohne dass Sie Abstriche bei der Polsterung machen müssen, also suchen Sie unbedingt ein Modell mit weniger als 1 kg Gewicht. Und um alles auch ausreichend zu schützen, muss der Rucksack wasserdicht sein. Seit einigen Jahren werden vermehrt wasserdichte Modelle angeboten, machen aber seltsamerweise immer noch die absolute Minderheit des Angebots aus. Stattdessen gibt es Regenhüllen zu kaufen oder im Boden des Rucksacks ist ein ausziehbares Regencover integriert. Das ist unpraktisch wie widersinnig zugleich. Also wählen Sie diese Lösung nur, wenn Sie gar keinen leichten Rucksack auftreiben können, der aus wasserdichten Materialien gefertigt wurde. Ich finde die Rucksackmodelle der Marken Exped und Arcteryx empfehlenswert, die extrem robust und zu einem großen Teil wasserdicht und leichtgewichtig sind.

Der elementarste Schutz vor den Elementen ist Ihr **Zelt**, das Ihnen überall ein Dach über dem Kopf beschert. Gute Hersteller geben eine Wassersäule für die Zeltplane an. Diese Maßeinheit steht dafür, wie viel Wasser die Plane innerhalb von 24 Stunden abhalten kann. Eine **Wassersäule** von 5.000 mm ist als absolutes Minimum anzusehen. Suchen Sie unbedingt auch nach einem Zelt, das nicht nachimprägniert werden muss. Leider werden bei vielen Modellen mit der Zeit die Nähte undicht oder die Imprägnierung der Plane muss erneuert werden. Hingegen gibt es Zelte aus imprägnierfreien Materialien wie Dyneema, die von Haus aus hydrophob sind. Trekkingzelte sind außerdem meist in unauffälligen Naturtönen gehalten, sodass Sie nicht die Aufmerksamkeit der Tierwelt (oder von Passantinnen und Passanten) auf sich ziehen.

Neben dem verlässlichen Schutz vor den Elementen lassen sich die Hersteller auch geringes Gewicht bezahlen. Denn damit ein Zelt, das kaum etwas wiegt und sich somit gut im Rucksack mitnehmen lässt, auch stabil steht und verlässlich vor den Elementen schützt, sind sehr teure Materialien und viel Entwicklungsarbeit erforderlich. Sie können mittlerweile ohne Weiteres Zelte bekommen, die deutlich unter 1 kg wiegen – wenn Sie das bezahlen. Die bekanntesten Hersteller für ultraleichte Zelte sind Nemo, Terra Nova, MSR, Big Agnes, Hilleberg und Nordisc. Deren hervorragende Produkte haben allerdings auch saftige Preise, wo die 500-Euro-Marke schnell überschritten wird.

Ich selbst habe seit vielen Jahren einen absoluten Ultraleicht-Trekking-Klassiker dabei, der regelmäßig Begeisterungsstürme bei anderen Camperinnen und Campern auslöst: das Zpacks Duplex. Es ist in Windeseile aufgebaut, extrem wasserdicht und sturmresistent, komplett wartungsfrei, hat üppig Platz für zwei Personen und wiegt nur etwas über 500 g. Über den Preis, auf den auch noch Zollgebühren anfallen, sprechen wir lieber nicht.

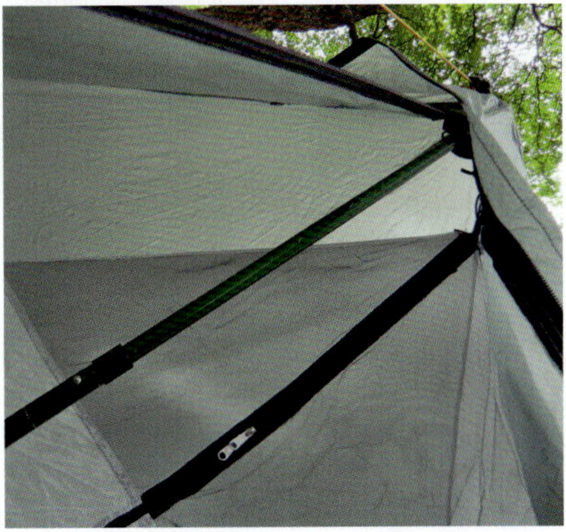

*Trekkingzelte können mit Trekkingstöcken aufgebaut werden*

Trekkingzelte lassen sich direkt über die **Trekkingstöcke** abspannen. So brauchen Sie keine Zeltstangen mitzuschleppen. Die Konstruktion ist oft extrem simpel gehalten, mit sternenförmig abführenden Abspannleinen, die das Zelt auch bei widrigen Wetterbedingungen stabil halten. So weit, so praktisch. Bleibt noch ein wichtiges Detail: Wie kriegen Sie Ihr Zelt sicher abgespannt, damit es auch bei Wind und Wetter und ungünstigen Untergründen am nächsten Morgen noch steht? Für mich sind Heringe aus Titan in Hakenform die

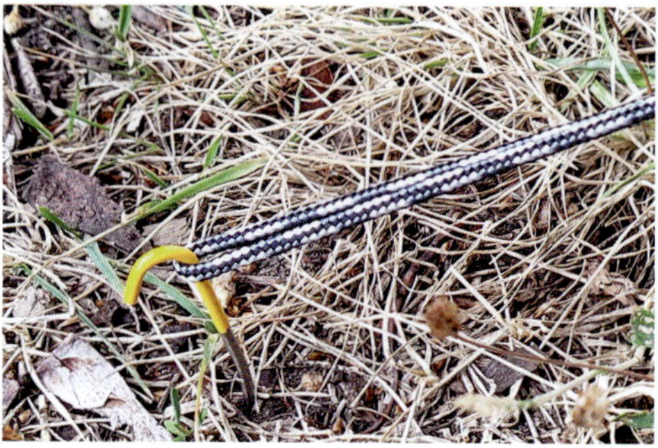

*Heringe aus Titan sind extrem leicht und robust*

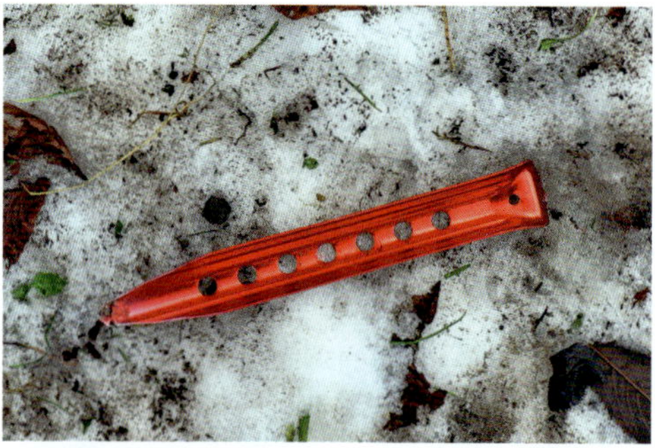

*Für sehr weiche Untergründe ist ein Sand- und Schneehaken erforderlich*

beste Option. Das extrem leichte und robuste Metall dringt in weiche und feste Untergründe ein und am Haken können Sie die Zeltschnüre gut befestigen. MSR und Nordisk sind zwei der Hersteller, die sich auf ultraleichte Titanheringe spezialisiert haben. Nur bei sehr weichem, sandigem Boden und im Schnee kommen Sie mit normalen Haken nicht weit. Hierfür benötigen Sie besondere **Sand- und Schneehaken**, die als Anker im Boden vergraben werden, nachdem Sie die Zeltschnur daran verknotet haben.

Den Auf- und Abbau des Zeltes sollten Sie vor dem Ernstfall routiniert beherrschen! Denn wenn das Wetter vielleicht nicht mitspielt oder Sie in die Dunkelheit geraten, ist das manchmal schon ziemlich herausfordernd. Da sollte jeder Handgriff sitzen.

Außerdem brauchen Sie auch qualitativ hochwertige **Trekkingstöcke**, da sie durch die Verwendung als Zeltstangen zum Teil Ihrer Wetterschutzausrüstung werden. Die Schwachstelle von billigen Stöcken ist der Teleskopmechanismus. Trekkingstöcke sind ja immer zusammenfaltbar konstruiert, damit sie gut verstaut werden können, und die Länge ist oft anpassbar. Wenn dieser Schließmechanismus zur Fixierung der Stöcke unterwegs kaputtgeht, war es das mit Ihrem Zeltdach über dem Kopf. Verlässliche und renommierte Hersteller für Stöcke sind beispielsweise Komperdell, Black Diamond und Leki.

Ein weiterer Punkt, der beim Zelt zu beachten ist: Kein Textil ist zu 100 % dicht und das sollte es auch unter keinen Umständen sein. Denn die zweite Form der Nässe, die Ihnen beim Wildcamping Probleme bereiten kann, ist die Nässe von innen. Wenn das Zelt vollständig luftundurchlässig wäre, würden sich über Nacht solche Mengen an **Kondenswasser** an der Innenseite der Plane sammeln, dass Sie quasi von innen einregnen. Deswegen sollte die Plane also auch ein bisschen luftdurchlässig sein und zusätzlich ausreichende Belüftungsmöglichkeiten haben, die aber kein Regenwasser hineinlassen. Bei vielen Trekkingzelten wird das so gelöst, dass sich zwischen der Zeltplane und dem Untergrund bei abgespanntem Zelt ein sehr breiter Spalt befindet, durch welchen das Zelt ringsum belüftet wird. Die Zeltwanne, also der abgespannte Zeltboden, muss wiederum einen Rand haben, der deutlich höher als der Belüftungsspalt ist, um Feuchtigkeit von unten abzuhalten.

Mit Nässe von innen werden Sie auch durch Ihren Körper konfrontiert, denn Sie schwitzen im Schlaf, was ganz normal und gesund ist. Diese Feuchtigkeit des **Schweißes** kann Ihnen aber das Nachtlager ordentlich vermiesen, wenn sie nicht verdunsten kann. Auch hier zahlt sich ein gut belüftetes Zelt aus und Ihre gesamte Kleidung und Ausrüstung wie der Schlafsack, die Isomatte und das Trekkinghandtuch sollte aus **schnell trocknenden Materialien** wie Polyester und Nylon sein. Denn gerade in klammen Hochgebirgsnächten sammelt sich sonst darin immer mehr Nässe vom Schweiß und von draußen, was nicht nur unhygienisch ist, sondern Sie dürfen das noch am nächsten Tag als Extragewicht mitschleppen.

Das nächste Problem ist Nässe von unten. Sei es, dass Sie Ihr Zelt im nassen Gras aufschlagen müssen, sei es, dass die Nässe in der Nacht kommt. **Morgentau** und die natürliche Feuchtigkeit des Untergrundes in Böschungen und Auen überziehen Ihr gesamtes Hab und Gut mit einem Nässefilm. Sie sorgen außerdem für eine so hohe Luftfeuchtigkeit, dass sich im Zelt besonders viel Kondenswasser an der Innenseite sammelt. Geschützt sind Sie nur im Innenzelt, aber zum einen wollen Sie Dinge wie Ihre schmutzigen Schuhe dort nicht aufbewahren und zum anderen wird auch die Zeltplane am nächsten Morgen oftmals patschenass sein – innen vom Kondenswasser und außen vom Tau. Auch deswegen ist es so wichtig, dass Ihr gesamtes Equipment aus dünnen, leichten und schnell trocknenden Materialien besteht. Für das Trekkingzelt wiederum ist es wichtig, dass es ein **Innenzelt** aus Mesh gibt, das nicht in direkte Berührung mit der Zeltplane kommt und somit vor dem Kondenswasser schützt.

Wenn Sie ohne Zelt unterwegs sind, empfiehlt es sich dringend, einen **Biwaksack** für Ihren Schlafsack zu erwerben. Dieser fungiert als wasser- und winddichte Hülle und ist so etwas wie eine Zeltplane für Ihren Schlafsack. Als Hersteller für leichte und gute Produkte kann ich allen voran Exped und Ortovox benennen.

Während Ihres Wildcampinglagers kommen Sie ja auch sehr oft direkt und geplant mit Wasser in Kontakt: zum Trinken, Kochen, Waschen. Damit Sie die Nässe nicht unbeabsichtigt an die ganze Ausrüstung weitergeben, sind **wasserdichte Packsäcke** ein enorm praktisches Utensil. Diese schaffen ganz nebenbei auch Ordnung im Rucksack und im Zelt, weil Sie einen Extrapacksack für frische und schmutzige Kleidung, Lebensmittel, Abfall und so weiter einpacken können. So sind die Dinge trocken und hygienisch verstaut und **Gerüche** bleiben ganz nebenbei auch noch in den Beuteln. Gerade bei Lebensmitteln schützen sie davor, dass Wildtiere von Essen angelockt werden, und wenn Sie Abfall und schmutzige Kleidung nicht riechen müssen, ist das doch eine große Unterstützung für die Zivilisiertheit beim Wildcamping. Bislang habe ich keine besseren und leichteren Packsäcke als die ultraleichten Modelle von Sea to Summit und Exped gefunden.

Es wurde schon mehrmals angesprochen: Schnell trocknende Materialien sind essenziell für die Aufrechterhaltung der Hygiene beim Wildcamping. Für alle Artikel, die mit dem Körper in direktem Kontakt stehen, gilt das vor allem wegen des Schweißes. Doch Ihre Kleidung, insbesondere die direkt auf der Haut getragenen **Basislayer**, werden und müssen Sie zwischendurch einmal waschen, wenn Sie länger als ein paar Tage unterwegs sind. Sonst müssten Sie solche Unmengen an Wechselkleidung mitschleppen, dass Ihre Bergtour kein Vergnügen mehr wäre. Ich nehme jeweils nur drei Unterhosen, Sockenpaare und T-Shirts mit, sodass spätestens jeden dritten Tag Waschen angesagt ist. Aber die Zeltabende sind lang, sodass ich mittlerweile sogar einen gewissen Spaß daran entwickelt habe, alles wieder frisch und in Schuss zu kriegen. Bei der Frage nach dem besten Material dafür lautet die Antwort leider: **Kunstfaser**. Materialien tierischen Ursprungs eignen sich ganz grundsätzlich nicht, da sie spezielle Waschmittel brauchen, um nicht zu verfilzen. Pflanzliche Fasern trocknen schlecht und haben ein hohes Eigengewicht. Kunstfasern wie Polyester und Nylon (Polyamid) hingegen bieten genau die Eigenschaften, die sich beim Bergwandern und Wildcamping bezahlt machen. Sie nehmen kaum Feuchtigkeit auf und sind dadurch schnell trocknend, außerdem haben sie eine hohe Widerstandskraft und Robustheit und ein extrem geringes Eigengewicht.

Bei Shirts, Socken und Unterwäsche haben Sie wohl die größte Auswahl an Herstellern, da so ziemlich jede Modemarke auch ein Sportsortiment anbietet. Hier wäre es müßig, eine Empfehlung auszusprechen.

*Wandershirts sollten schnelltrocknend sein und UV-Schutz haben*

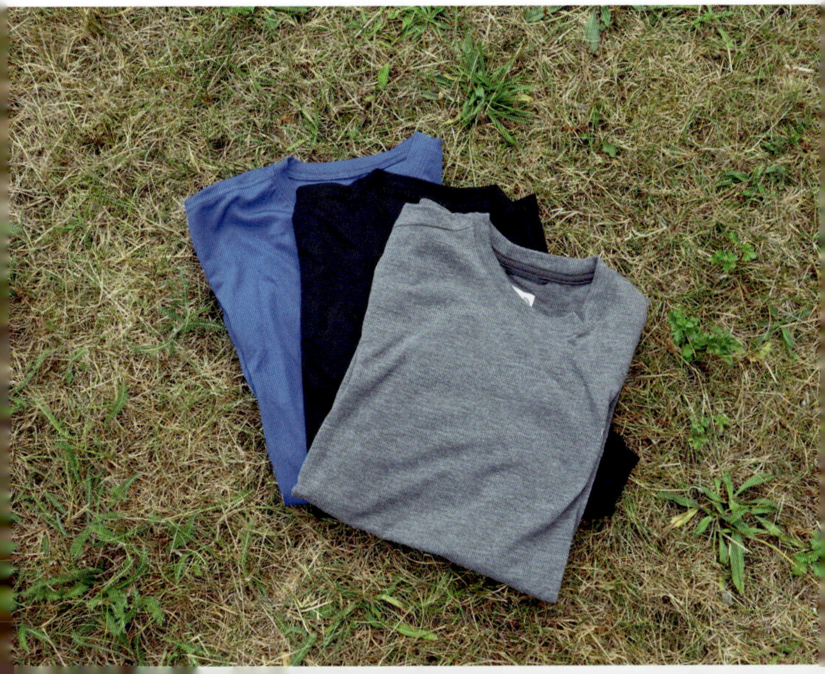

Nicht nur im Nachtlager, auch tagsüber auf Tour brauchen Sie einen guten Nässe- und Windschutz. Wasserdichte **Wanderhosen** trägt eigentlich niemand, da Sie an den Beinen die ganze Bewegungsintensität beim Wandern entfalten und so auch im Falle von Nässe nicht anfangen zu frösteln. Eine moderne Wanderhose aus schnell trocknendem Material wird nach Ende des Regenschauers auch ruck, zuck beim Gehen wieder trocken.

Essenziell ist aber eine gute **Regenjacke**: Diese schützt Ihren Oberkörper vor Nässe und gleichzeitig auch vorm Auskühlen durch Winde, da Regenjacken immer auch winddicht sind. Für das Bergwandern benötigen Sie eine sogenannte Dreilagenjacke mit ihrer robusten Konstruktion, da sie durch das Tragen des Rucksacks in große Mitleidenschaft gezogen wird. Die wasserdichte Membran ist bei diesen Modellen zwischen eine schützende Innen- und Außenschicht laminiert. Achten Sie bei der Wahl des Modells wie auch beim Zelt auf eine hohe **Wassersäule**, die beschreibt, wie lange die Jacke eindringendem Wasser standhält. Zeitgemäß ist eine Wassersäule von 20.000 mm und mehr. Das bedeutet etwas vereinfacht gesagt, dass die Jacke innerhalb von 24 Stunden 20 Liter Niederschlag abhalten kann. Auch die beste Regenjacke hat aber irgendwann einen Wasserdurchbruch. Realistisch betrachtet schützt Sie eine hochwertige Regenjacke einige Stunden vor niederprasselndem Regen. Hoffentlich sind Sie aber auch nicht länger im Regen unterwegs.

Warum sind Jacken nicht 100 % wasserdicht? Weil sie auch gewährleisten müssen, dass der beim Ausdauersport entstehende Schweiß vom Körper weg nach außen transportiert werden kann. Die Membran muss also von der einen Seite hydrophob sein und Wasser abhalten und von der anderen Seite hydrophil sein und Wasser anziehen, um es nach außen zu transportieren. Die zweite wichtige Kennziffer bei Regenjacken ist daher die sogenannte **Atmungsaktivität**, wo Sie wie bei der Wassersäule auf einen Wert von mindestens 20.000 mm achten sollten.

Regenjacken sind einer der wenigen Gegenstände auf der Packliste, wo sich in den letzten Jahren noch sehr viel getan hat hinsichtlich Gewichtsreduktion. Sie kriegen ohne Weiteres eine dreilagige Jacke mit 200 g oder weniger Gewicht. Meine präferierten Marken, die regelmäßig nicht nur leichte, sondern auch hoch atmungsaktive und wasserdichte (aber auch teure) Modelle herausbringen, sind derzeit Arcteryx, Berghaus, Montane und Vaude.

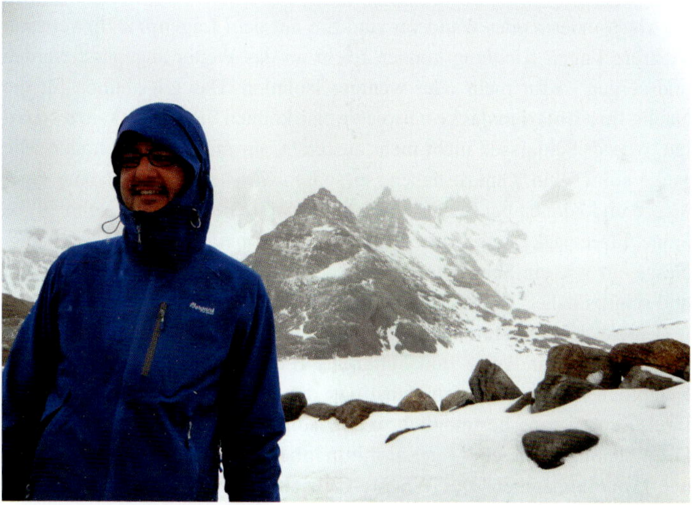

*Starker Niederschlag wie hier in Patagonien macht eine gute Regenjacke dringend erforderlich*

## Kälteschutz und Schlafkomfort

Gerade in Höhenlagen kommt es auch im Hochsommer zu eklatanten Temperaturunterschieden am Tag und in der Nacht. Je felsiger, vegetationsärmer und unwirtlicher die Gegend, desto größer ist der Kontrast, ähnlich wie in der Wüste. Die Baumgrenze befindet sich immer dort, wo die jährlichen Durchschnittstemperaturen um die 0° C liegen. Hier ist also auch tagsüber ganzjährig mit Kälte zu rechnen. Eine unwirtliche Gegend bringt es mit sich, dass es zu schnellen Wetterumschwüngen mit starken Temperaturstürzen kommen kann. Eben noch waren es milde 20° C im Sonnenschein, nun beginnt plötzlich ein Sturm und die Temperaturen gehen auf 9° C runter – zumindest oberhalb der Baumgrenze ist so etwas normales Alltagswetter.

Für Sie bedeutet das, dass Sie nicht nur für die Wanderung tagsüber, sondern vor allem auch für eine geruhsame Nachtruhe ein verlässliches Isolationskonzept brauchen.

Als Wanderin oder Wanderer sind Sie mit dem **Lagenprinzip** vertraut: Mehrere Lagen Kleidung können leicht an das Wetter angepasst werden und sorgen so für mehr oder weniger Isolation. Das gilt ähnlich für die Nacht. Ihre **Isolationsjacke** beispielsweise können Sie in sehr kalten Nächten, wo der Schlafsack nicht mehr ausreicht, für mehr Wärme tragen. Die Jacke sollte eine Kapuze haben, so sparen Sie sich die Mitnahme einer Mütze und können bei Bedarf einfach die Kapuze überziehen. Nehmen Sie keine Fleecejacke mit! Fleece ist schwer, isoliert schlechter und saugt Nässe auf wie ein Schwamm. Außerdem ist das Material nicht winddicht und schützt daher nicht vor Auskühlen.

Und welches **Isolationsmaterial** ist empfehlenswert? Dazu vielleicht erst mal ein paar Worte zum Funktionsprinzip von Isolationsmaterialien. Eigentlich wärmen Sie sich selbst und die Isolation funktioniert so, dass Ihre Körperwärme bestmöglich in der Isolationsschicht gespeichert wird. Dazu benötigen Sie ein Material mit möglichst vielen und möglichst kleinen Luftkämmerchen. Das **Wärme-Gewicht-Verhältnis** ist nach wie vor bei tierischen Daunen unüberboten, sodass sie grundsätzlich ein attraktives Isolationsmaterial als Füllung sowohl für die Jacke als auch für den Schlafsack sind. Leider haben sie aber viele gravierende Nachteile: Sie sind extrem nässeempfindlich und fallen bei ein bisschen Feuchtigkeit in sich zusammen, sodass der Isolationseffekt nicht mehr gewährleistet ist. Einmal nass geworden, benötigen sie sehr viel Zeit zum Trocknen und fangen schnell an zu stinken. Deswegen lautet meine klare Empfehlung, zu synthetischen Isolationsmaterialien zu greifen, also zu **Kunstdaunen**. Die modernsten Futterstoffe kommen zumindest schon sehr nah an die tierische Daune heran, was das Wärme-Gewicht-Verhältnis angeht. Im Falle von Nässe bewahren sie ihre Isolationskraft und sie trocknen sehr schnell.

Sehr gute und leichte Isolationsjacken mit Kunstdaunen, die auch nach vielen Wäschen noch eine verlässliche Bauschkraft haben, kriegen Sie beispielsweise bei den Herstellern Arcteryx, Patagonia, Berghaus und Rab.

Kommen wir zum Kälteschutz in der Nacht: Ein sehr dicker **Schlafsack** wäre nicht nur viel zu schwer für den Rucksack, sondern die meiste Zeit auch zu warm. Deswegen ist ein sogenannter Drei-Jahreszeiten-Schlafsack die beste Option. Hersteller geben für ihre Modelle eine **Komforttemperatur** an. Diese sollte im einstelligen Gradbereich liegen, sodass Sie die meiste Zeit mit dem Schlafsack ausreichend gewärmt werden. Wenn die Temperaturen darunter fallen, ziehen Sie in der Nacht noch die Isolationsjacke bzw. weitere Kleidungsschichten über. Am besten für wohlige Wärme in der Nacht ist die körpernahe **Mumienform** mit einer den Kopf voll umschließenden Kapuze, die zugezogen werden kann und so jegliches Eindringen von Kälte verhindert. Heutzutage ist es problemlos möglich, Drei-Jahreszeiten-Schlafsäcke zu finden, die weniger als 1 kg wiegen. Es lohnt sich, zu einem teuren und leichten Modell zu greifen. Denn dieses reduziert nicht nur Ihr Packgewicht dramatisch, sondern behält seine Isolationskraft im Gegensatz zu sehr günstigen Produkten auch über viele Jahre und nach vielen Wäschen. Der Schlafsack ist nicht zuletzt der entscheidendste Artikel auf Ihrer Packliste für einen hohen Schlafkomfort.

Im Bereich leichter Kunstfaserschlafsäcke mischen sehr viele Hersteller mit, da es sich um ein absolutes Massenprodukt auch abseits des Bergsports handelt. Wer hat nicht mindestens ein Modell im Schrank? Dementsprechend können Sie aus einem großen Angebot wählen. Das fängt an bei

*Schlafsack, Isomatte und aufblasbares Kopfkissen sorgen für eine geruhsame Nacht*

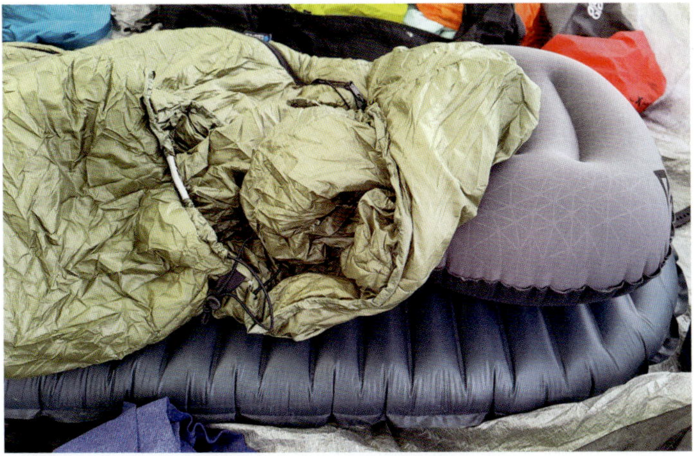

den günstigen Eigenmarken des Outdoor-Discounters Decathlon. Gute Hersteller leichter Schlafsäcke sind beispielsweise auch Thermarest, Mountain Equipment, Rab, Nordisk und Cumulus.

Auf Luftkammern, die für angenehme Wärme sorgen, basiert wie bei isolierender Kleidung und Schlafsäcken das Prinzip von **Isomatten**. Diese schützen Sie vor der Kälte von unten, denn Gebirgsböden kühlen nachts extrem aus und selbst mit dem wärmsten Schlafsack frieren Sie, wenn Sie keine gute Isomatte dabeihaben. Vergessen Sie die schweren und primitiven Schaumstoffmatten und holen Sie sich eine gute, aufblasbare Matte mit mindestens 5 cm Höhe. Eine solche Matte wiegt nur ein paar 100 g und lässt sich auf minimalstes Packmaß zusammenrollen. Zweimal reingepustet, dann ist sie schon stramm aufgepumpt, denn moderne Matten benötigen kaum Luft. Manche haben sogar selbstaufblasende Ventile, die Sie nur aufdrehen müssen. Wichtig ist ein Sicherheitsventil, das eine Extravorrichtung oder Öffnung zum Entweichen der Luft hat. So ist sichergestellt, dass beim Aufblasen nicht dauernd Luft austreten kann. Im Gegensatz zum Überangebot bei Schlafsäcken kann ich für leichte und gute aufblasbare Matten derzeit nur Thermarest und Nordisk empfehlen.

Für ein bisschen Extrakomfort hat sich für mich ein **aufblasbares Kissen** von Sea to Summit bewährt. Es wiegt fast nichts, verstärkt die Isolationswirkung am besonders kälteempfindlichen Kopf und sorgt vor allem für eine stabile Schlafposition ohne überdehnten Nacken. Das beugt auch Rückenschmerzen am nächsten Morgen vor.

## Sonnenschutz und Moskitoschutz

In aller Regel halten Sie sich während des Wildcampings nur nachts im Zelt auf oder vielleicht mal, um Regen auszusitzen, auch tagsüber. Da ist Sonnenstrahlung keine Gefahr. Da Sie aber den ganzen Tag draußen unterwegs sind, sollten Sie sich ausreichend vor **UV-Strahlung** schützen. Beachten Sie: Zeltplanen halten diese oft nicht ab! Es wäre also eine schlechte Idee, das Zelt zum Beispiel bei der Rast als Schattenspender aufzubauen, da Sie sich so in Sicherheit wiegen, aber Ihre Haut gefährdet ist.

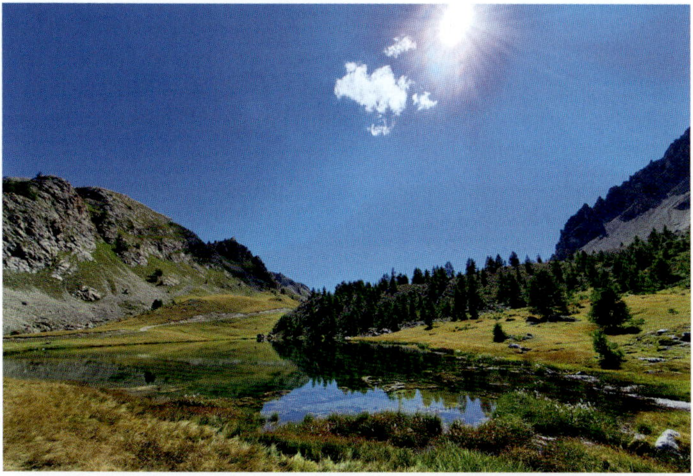

*Im Gebirge sind Sie oft viele Stunden der intensiven Sonnenstrahlung ausgesetzt*

Sowieso weiß jeder, der schon einmal bei intensiver Sonnenstrahlung in einem Zelt war: Das Klima darin wird schnell sehr stickig und unangenehm. Für die Mittagsrast suchen Sie sich also natürliche Schattenspender wie große Bäume oder frei stehende Felsen. Auch hier gilt aber: Sie sind im Schatten nicht vor UV-Strahlung geschützt!

Das wichtigste Utensil für den Schutz vor Sonnenbrand ist ein hochwertiges **Sonnenschutzmittel** mit mindestens UV-Schutz-Faktor 50. In der Drogerie Ihres Vertrauens finden Sie hier ein üppiges Angebot, da die Angst vor Hautkrebs viele Menschen zu starken Sonnenschutzmitteln greifen lässt. Ich finde die unparfümierten Sprays von Garnier sehr angenehm und leicht in der Anwendung.

**Trekkingshirts mit UV-Schutz** werden immer häufiger angeboten und sind wirklich sehr zu empfehlen, denn Kleidung ohne nachgewiesenen UV-Schutz hat oft nur eine sehr geringe Ausdauer, was die schädliche UV-Strahlung anbelangt. Sie können entsprechende Shirts bei vielen Herstellern von Decathlon bis hin zur von mir sehr geschätzten, aber teuren Marke Arcteryx finden.

Auch ganz wichtig ist eine **Kopfbedeckung**. Die Kopfhaut ist extrem empfindlich und wird von den Haaren nur unzureichend vor der Sonne geschützt, wenn Sie lange unterwegs sind. Diese ist von vielen Herstellern mit nachgewiesenem UV-Schutz erhältlich, es tut aber grundsätzlich jede Mütze, die Ihnen gefällt.

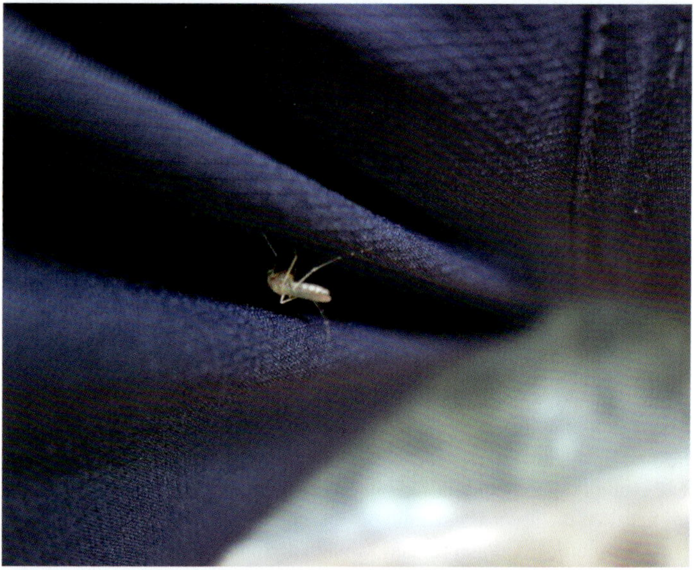

*Kleidung sollte besser mückendicht sein*

Wenn Sie in wasserreichen Niederungen unterwegs sind, brauchen Sie nicht lange warten, bis Sie neue Freunde in Form von **Stechmücken** gewinnen. Diese lieben besonders die Dämmerung, sind also genau dann äußerst aktiv, wenn Sie in Ruhe Ihr Zelt aufbauen wollen. Deswegen ist es sehr nützlich, in mückenreichen Gegenden Insektenschutzspray dabeizuhaben. Sie brauchen dafür keine Chemie: Nach meiner Erfahrung helfen Sprays auf Basis von Zitroneneukalyptusöl genauso effektiv, weil die Viecher den Geruch einfach nicht ausstehen können. Wir Menschen hingegen empfinden Zitrone und Eukalyptus als recht angenehme Duftnoten im

Gegensatz zu den stinkenden chemischen Insektenschutzmitteln. Greifen Sie am besten zu den günstigen Eigenmarken der großen Drogerieketten. Zusätzlichen Schutz erhalten Sie, wenn Sie bei der Wahl Ihrer Trekkinghose auf ein mückendichtes Modell achten.

Auch das wird sehr häufig angeboten, beispielsweise von Vaude oder dem darauf spezialisierten Hersteller Craghoppers. Von Haus aus mückendichte Stoffe sind besser als Hosen, die mit Insektenschutzmittel imprägniert wurden, weil sich dieses mit der Zeit auswäscht.

## Hygiene

Für die Aufrechterhaltung der körperlichen Hygiene während des Wildcampings brauchen Sie im Grunde genommen nur zwei Reinigungsmittel: Eine **Reiseseife** und **Zahnpasta**. Reiseseife lässt sich für alles verwenden, was gereinigt und gewaschen werden soll: Haut, Haare, Kleidung, Geschirr. Hartgesottene verwenden sie sogar auch zum Zähneputzen, bei mir fangen die Zähne allerdings davon an zu schmerzen. Im Alltag sind wir gewohnt und bekommen von der Industrie vermittelt, dass wir für alles Mögliche Extramittel brauchen. Hingegen können Sie sich beim Aufenthalt in der Natur auf das Essentielle zurückbesinnen, das wirklich für die Hygiene unverzichtbar ist: Seife. So gut wie alle heutzutage erhältlichen Seifenprodukte sind auch rückfettend, sodass Sie keine Angst vor trockener Haut haben brauchen, wenn Sie mal ein paar Tage nicht Ihr Spezialshampoo, -duschgel und -cremchen verwenden. Das alles ist im Alltag ganz nett, doch Sie werden es beim Wildcamping schon nach kurzer Zeit nicht mehr vermissen, da Sie mit essentielleren Dingen beschäftigt sind.

Ihr Funktionsshirt, Ihre Socken und Ihre Unterhose zerfallen nicht zu Staub, wenn Sie dafür keines der unzähligen wie überflüssigen Sportwaschmittel benutzen. Bei der Handwäsche am Bach mit Flüssigseife werden Sie das erreichen, was Sie benötigen: Grobe Verschmutzungen und vor allem müffelnder Schweiß werden ausreichend entfernt, sodass Sie das Shirt wieder gern anziehen und nur wenige Wechselexemplare mitschleppen müssen. Auch hier gilt aber sicherlich, dass Sie ein paar Erfahrungswerte sammeln sollten, wie die Handwäsche und anschließendes Trocknen der Kleidung in der Natur für Sie am besten und effektivsten funktioniert.

Um das Campinggeschirr nach der Verpflegung wieder frisch zu haben, eignet sich die Reiseseife ebenso ganz prima. Ein bisschen davon auf das Geschirr geben und dann mit Wasser mischen und ausreiben, entfernt man so Essensreste und Gerüche. Sie wollen hier keinen Preis in Sauberkeit gewinnen, sondern es geht um Praktikabilität. Sehr hartnäckige Essenreste können bei hochwertigem Campinggeschirr aus Metall mit Sand abgerieben werden.

*Das NATRUE-Siegel ist eines der Label, das garantiert, dass Kosmetik vollständig biologisch abbaubar ist*

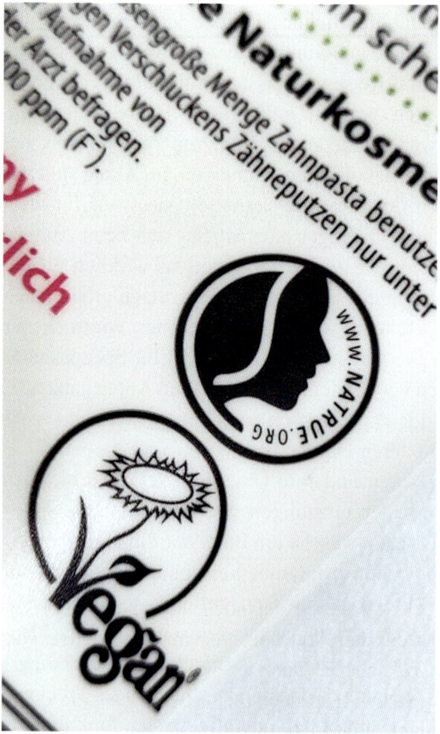


Es ist absolut wichtig, als Seife und Zahnpasta Produkte zu verwenden, die **vollständig biologisch abbaubar** sind. Denn Sie hinterlassen Reste davon in der Wildnis, das lässt sich nicht vermeiden. Bei Naturkosmetik stehen die Chancen gut, dass sie biologisch abbaubar sind. Allerdings müssen nicht sämtliche Inhaltsstoffe natürlichen Ursprungs sein, nur weil Naturkosmetik draufsteht. Deswegen sorgen verschiedene Label für mehr Transparenz, beispielsweise das **NATRUE-Label**. Dieses dürfen die Hersteller nur auf der Verpackung verwenden, wenn das Produkt wirklich zu 100 % biologisch abbaubar ist. In Ergänzung zu natürlichen Inhaltsstoffen setzen Hersteller naturidentische Inhaltsstoffe aus dem Labor ein, die von ihrer chemischen Struktur aber auch vollständig und rückstandsfrei im Kreislauf der Natur abgebaut werden können.

www.natrue.org

Vollständig biologisch abbaubar heißt aber nicht, dass die Inhaltsstoffe auch schnell abgebaut werden können. Sie verbleiben unter Umständen eine lange Zeit in der Natur. Deswegen ist die 50-m-Regel als Abstand zu Gewässern so wichtig, damit Reste davon im Wasser nicht eine schädliche Wirkung auf Pflanzen und Tiere entfalten. Dort, wo Sie die Seifenreste hinterlassen, ist es außerdem sehr wichtig, dass Sie sie mit reichlich Wasser gut verteilen, um eine Konzentration zu vermeiden.

Reiseseife finden Sie im Outdoorladen, wo sie allerdings recht viel Geld kostet. Die teure Kosmetik aus dem Outdoorladen können Sie aber getrost liegen lassen. Schauen Sie sich einfach mal im Sortiment der großen Drogerieketten um, insbesondere bei deren günstigen Naturkosmetik-Eigenmarken. Ich selbst verwende ein Shampoo von Weleda als Reiseseife: Nach etwas Ausprobieren habe ich mein Produkt gefunden, das sowohl für den Körper als auch für die Kleidung und das Geschirr eine befriedigende Wirkung erzielt.

Da normale Verpackungen in der Regel nicht wirklich dicht sind, verwenden Sie für den **Transport Ihrer Reiseseife** am besten die genialen Weithalsflaschen von Relags. Diese haben extrem dichte Deckel mit Gewinde, wiegen so gut wie nichts und das weiche Material übersteht den Transport im Rucksack unbeschadet. Die Fläschchen sind in diversen Größen erhältlich.

Biologisch abbaubare Kosmetik stößt bei der Funktionalität an ihre Grenzen, was weitere Produkte angeht. Sie werden auf Ihrer Tour auch ein **Deodorant** benötigen und ein **Sonnenschutzmittel**. Bei beidem habe ich mit Naturkosmetik bisher nur enttäuschende Erfahrungen hinsichtlich ihrer Funktionalität gemacht, sodass ich hier leider noch nicht komplett rückstandsfrei in der Natur unterwegs sein kann. Es sind minimalste Mengen, die beim Waschen in die Natur gelangen. Dennoch ärgert es mich sehr, dass ich hier noch nicht meinen eigenen Ansprüchen gerecht werden kann, einfach weil die Naturkosmetikhersteller noch nicht so weit sind.

Wie unter ☞ Sonnenschutz angesprochen, brauchen Sie ein Sonnenschutzmittel mit mindestens Faktor 50, da Sie der Sonne tagsüber für unbestimmte Zeit ausgesetzt sind und das nicht selbst beeinflussen können. Hier finde ich Sprays am besten, da sie sich leicht verteilen lassen und mit einem einfachen Pumpmechanismus auskommen. Falls der Mechanismus unterwegs mal kaputt geht, können Sie die Flasche einfach aufschrauben und das Mittel wie Creme auftragen.

Beim Schutz vor Schweißgeruch gibt es zwei Wirkmechanismen: Die Unterbindung von Schweißbildung durch Aluminiumsalze (Antitranspirant) und die Unterbindung von Geruchsentwicklung durch antibakterielle Inhaltsstoffe (Deodorant). Sie werden sehr viel schwitzen, also brauchen Sie ein Produkt, das erwiesenermaßen gut bei Ihnen wirkt. Ich komme mittlerweile ohne die aggressiven Aluminiumsalze aus, musste aber einige Produkte ausprobieren. Für stark schwitzende Menschen dürften sie unumgänglich sein, also greifen diese dann in der Drogerie besser zu einem Antitranspirant. Ein Produkt empfehlen kann ich Ihnen nicht, da es höchst individuell ist, welches bei Ihnen gut wirkt.

Eigentlich fehlt jetzt nur noch ein Produkt für die Körperhygiene: **Papiertaschentücher**. Diese habe ich in rauen Mengen dabei, da sie nichts wiegen, aber in vielen Situationen vom Naseputzen über die Versorgung kleiner Wunden bis zum Abwischen von Schweiß extrem nützlich sind.

Im Alltag sind wir an Toilettenpapier und Servietten gewöhnt. Das ist beides in der freien Natur recht sinnfrei – angefangen dabei, dass Sie das eklige benutzte Papier ja bis zum Ende der Tour bei sich tragen müssen, um die Umwelt nicht zu verschmutzen. Stattdessen reinigen Sie sich nach dem Essen und dem Toilettengang mit Reiseseife und Bergwasser. Das ist hygienisch und erfrischend zugleich. In weiten Teilen der Welt gibt es ja so etwas wie Toilettenpapier gar nicht, sondern an oder in der Toilettenschüssel befinden sich Spülvorrichtungen für den Körper. Wenn Sie sich einmal darauf eingestellt haben, werden Sie das Papier garantiert nicht mehr vermissen.

Apropos Toilette: Beim Wildcamping lässt sich das natürliche Bedürfnis nicht unterdrücken und Sie werden früher oder später Fäkalien hinterlassen. Diese müssen Sie vergraben, um damit weder Tiere zu gefährden noch Ihre Trekkingbegleitung und spätere Wildcamperinnen und Wildcamper in Mitleidenschaft zu ziehen. Es kann daher sinnvoll sein, vor allem bei längeren Touren eine kleine **Schaufel** einzupacken. Im Outdoorladen heißen sie „Trowel“ und sind beispielsweise von Sea to Summit mit unter 100 g Gewicht zu haben, aber im Zweifelsfall tut es auch eine Pflanzenschaufel aus leichtem Kunststoff, wie Sie sie in jedem Baumarkt finden.

## Verpflegung

Wenn Sie sich mit warmen Mahlzeiten versorgen wollen, brauchen Sie keine frischen Lebensmittel mitzuschleppen. Sie überstehen den Transport im Rucksack nicht sehr gut und sind sehr schwer. Stattdessen ist es eine extrem praktische Lösung, auf gefriergetrocknete Nahrung zurückzugreifen. Das fängt bei der einfachen Tütensuppe an. Im Outdoorladen können Sie aber auch sogenannte **Trekkingnahrung** mit kompletten Mahlzeiten finden, wie alle möglichen Currys, Nudelgerichte oder auch Gerichte mit Kartoffeln und anderen Sättigungsbeilagen. Fleisch, Fisch wie auch vegetarische Alternativen decken das mittlerweile riesige Angebot ab. Die Billigvariante ist die Tütensuppe aus dem Supermarkt. Natürlich müssen Sie geschmacklich die Ansprüche etwas zurückschrauben. Aber auf Bergtouren ist es ja oft so, dass Sie tagsüber an Hütten vorbeikommen oder durch Ortschaften wandern, wo Sie einkehren können, und die gefriergetrocknete Nahrung am Abend eher nur an einzelnen Tagen oder als Notfallration erforderlich ist. Auch wenn Sie zwischendurch mal auf einem voll ausgestatteten Campingplatz übernachten und frische Lebensmittel für den Abend kaufen können, steht einem Festschmaus nichts im Wege. Wenn Sie hingegen lange Zeit in der einsamsten Natur unterwegs sind, überleben die frischen Produkte nicht und die Vorteile der gefriergetrockneten Nahrung werden Sie überzeugen.

Der größte Vorteil ist das geringe Gewicht. Eine Portion hat ungefähr 100 g Transportgewicht. In diesem Zustand ist das Essen außerdem unverwüstlich. Im Zeltlager können Sie es dann einfach und schnell zubereiten, indem Sie es mit etwas kochendem Wasser anrühren. Oft ist nicht mal eine Essschale erforderlich, da Sie das Wasser einfach in die Verpackung gießen und direkt daraus essen können

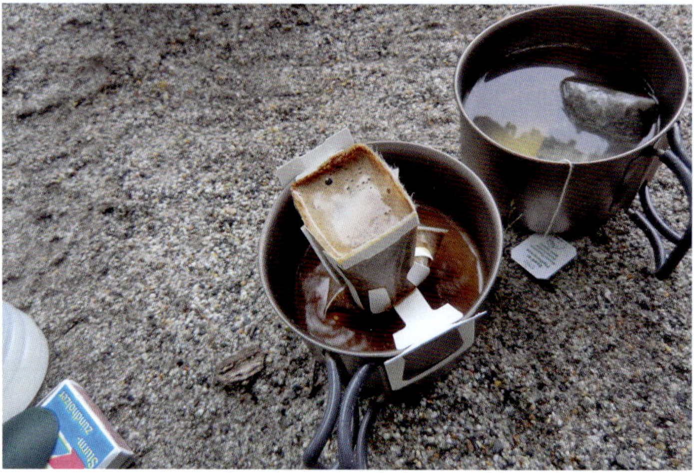

*Was darf es sein, Kaffee oder Tee?*

Für einen guten Start in den Tag finde ich übrigens **Porridge** ganz gut. Den finden Sie in jedem Supermarkt gefriergetrocknet in Portionspackungen, gießen ihn mit etwas heißem Wasser auf und haben ein nahrhaftes wie wärmendes Frühstück nach einer oftmals sehr kalten Nacht. Dann noch ein paar **Teebeutel** eingepackt, die ebenfalls nichts wiegen, und etwas **gefriergetrockneten Kaffee**, schon können Sie Ihren Tag wohlgelaunt starten.

Kaufen Sie nach Möglichkeit alles in **Einzelpackungen**. Offene Packungen machen sich nicht gut im Rucksack und sauen schnell alles ein. Außerdem müssen Sie so keinen unnötigen Ballast mitschleppen, sondern können die Packungen taggenau abzählen.

Essentiell für die Versorgung mit Trekkingnahrung ist ein guter Kocher, damit Sie auch unter widrigen klimatischen Bedingungen das Wasser erhitzt kriegen. Für die allermeisten Tourenziele dürften Sie mit Gaskochern und Schraubkartusche am besten ausgestattet sein. **Gaskocher** sind winzig und viele haben integrierte Zünder, sodass nicht mal ein Feuerzeug erforderlich ist. Die Zünder bestehen aus Feuerstahl und funktionieren ein Kocherleben lang. Sehr gute Hersteller sind Soto, MSR und Optimus.

Wenn es losgehen soll, wird der Kocher einfach auf die **Gaskartusche** geschraubt und kann nach dem Kochen wieder abmontiert werden, sodass sich Kocher und Kartusche gut im Rucksack verstauen lassen.

Gas als Brennstoff hat viele weitere Vorteile. Es ist recht effizient, sodass Sie schon mit einer kleinen 100-g-Kartusche mehrmals Wasser aufkochen können und nicht so viel Brennstoff tragen müssen.

*Eine Trinkflasche aus Metall kann auch als Kochtopf eingesetzt werden*

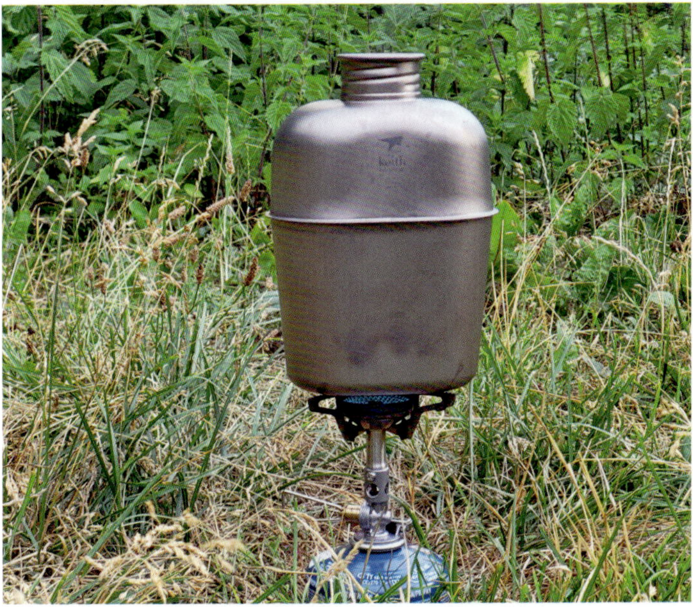

Außerdem sind die Kartuschen recht hygienisch, es kommt im Gegensatz etwa zu Benzin und Spiritus nirgends zu Brennstoffablagerungen mit entsprechenden Flecken, Geruch und Brandgefahr. Das austretende Gas wird direkt vollständig verfeuert und es verpufft sonst in der Luft. Außerdem funktioniert es in einem großen Temperaturspektrum und ist damit auch für winterliche Bedingungen geeignet.

Beachten Sie: Der Transport von Brennstoff im Flugzeug ist streng verboten. Sie müssen Ihre Gaskartusche also vor Ort kaufen, falls Sie mit dem Flugzeug anreisen. Schraubkartuschen sind weltweit einheitlich, was die Größe der Verschraubung angeht, sodass das kein Problem darstellen sollte. Je nach Land sind sie in großen Supermärkten, Outdoorläden und an Tankstellen erhältlich.

Für die Verpflegung beim Wildcamping genügen wenige Ausrüstungsgegenstände. Am essentiellsten ist eine **Wasserflasche**, die noch weit mehr Einsatzzwecke als den Transport von Trinkwasser hat. Sie kann auch als Dusche verwendet werden. Mit der **Flaschendusche** klappt das Waschen von Haut und Haaren in der freien Natur recht bequem. Eine Metallflasche aus sogenanntem Flugzeugaluminium oder Titan ist sehr sinnvoll, denn somit kann sie auch als **Kochtopf** zum Erhitzen von Wasser eingesetzt werden und Sie brauchen kein Extrakochgeschirr. Es gibt nicht viele Hersteller ultraleichter Metallflaschen, zu nennen wären Vargo und Keith Titanium.

Wenn ich allein unterwegs bin, reicht mir meine Metallflasche als einziges Geschirr. Ansonsten gibt es tolle Sets aus Metall mit Tassen und Essschalen zu kaufen, die sich ineinanderstapeln lassen und so kaum Platz im Rucksack beanspruchen.

Ein **Taschenmesser**, im Regelfall von Quasi-Monopolist Victorinox, mit verschiedenen Werkzeugen wie einer kleinen Schere, Pinzette und Zahnstocher gehört in jedes Wandergepäck. Es unterstützt Sie, wenn mal eine Packung nicht aufgeht oder Sie Gelegenheit haben, frische Lebensmittel zuzubereiten. Auch für die ☞ Hygiene ist es sehr hilfreich, etwa zum Nägelschneiden, wenn Sie länger unterwegs sind.

Jetzt brauchen Sie nur noch einen Löffel und eine Gabel, um Ihr Essen genießen zu können. Dafür finden Sie im Outdoorladen sogenannte **Sporks** von unzähligen Herstellern. Diese Mischung aus Gabel und Löffel eignet sich für die Nahrungsaufnahme sowohl von Suppen als auch von Essen festerer Konsistenz.

Als Material für die Flasche (und ggf. den Topf), den Kocher und den Spork eignet sich wie bei der Trinkflasche erwähnt am besten sogenanntes **Flugzeugaluminium**. Dabei handelt es sich um eine Legierung von Aluminium mit anderen Materialien wie Titan, die besonders leicht ist und die

Wärme gut leitet. Campinggeschirr aus Titan ist in der Regel sogar noch leichter und robuster, leitet die Wärme allerdings nicht so gut, sodass das Aufkochen von Wasser länger dauert und mehr Brennstoff benötigt. Außerdem ist es sehr teuer. Es ist aber für die allermeisten Wildcamperinnen und Wildcamper ebenfalls eine gute Option.

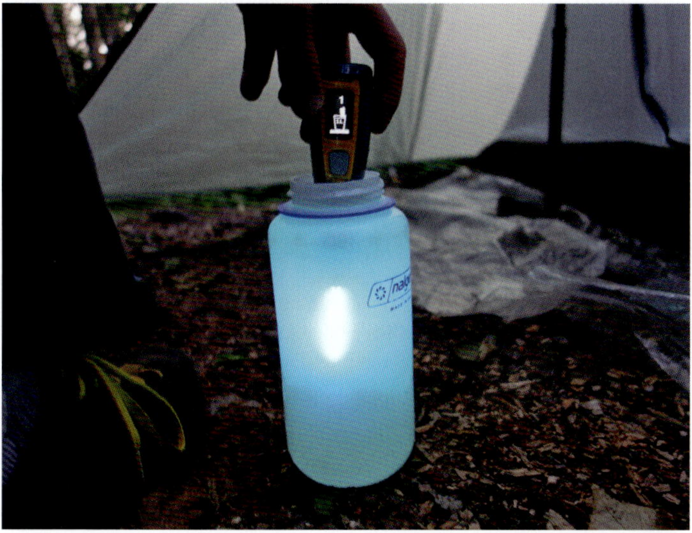

*UV-Licht zur Trinkwasseraufbereitung*

Oftmals ist es heikel, das in der freien Natur vorkommende Wasser ohne Aufbereitung zu konsumieren. Wirklich sicher ist eigentlich nur Quellwasser, ansonsten können Verunreinigungen durch Bakterien, Viren und Partikel das Wasser für Menschen ungenießbar machen. Ideal für die **Wasseraufbereitung** sind Kohlefilter, die das Wasser gleichermaßen von Bakterien, Viren und Partikeln befreien, allerdings regelmäßig ersetzt werden müssen. Sie werden hauptsächlich von den Marken Lifestraw und MSR angeboten. Eine gute Methode ist die Kombination aus Filtersieb (beispielsweise von Camelbak) für die Partikel und UV-Licht für die Viren und Bakterien. Dies sieht aus wie eine kleine Taschenlampe und muss nur etwa eine Minute ins Wasser gehalten werden, um so gut wie alle Keime abzutöten. Wenn Sie keine dieser Möglichkeiten zur Verfügung haben, aber die Wasserqualität bedenklich finden, dann können Sie auf die ursprünglichste Aufbereitungsmethode zurückgreifen: das Abkochen. Sauberer wird das Wasser dadurch zwar nicht, aber es tötet Keime ab.

Wenn Sie in einer Region unterwegs sein sollten, wo es überhaupt keine natürlichen Wasservorkommen gibt, müssen Sie das schwere Wasser selbst transportieren. Dafür gibt es sehr leichte und robuste **Wasserbeutel** (Water Bags). Ich habe bisher keine leichteren und robusteren gefunden als die Water Bags von Ortlieb.

# Navigation, Koordination und Dokumentation

Die wundersame Technikwelt kommt Bergwanderinnen und Bergwanderern zugute, denn mittlerweile sind alle Funktionen, die Sie auf einer Bergtour brauchen, in ein einziges Gerät hineingewandert: das **Smartphone**. Somit habe ich mittlerweile alles andere wie Papierkarten, Stirnlampe, Fotoapparat, Wecker und vieles mehr von meiner Packliste gestrichen, was ich sonst noch für die Navigation, Koordination und Dokumentation meiner Touren dabeihatte. Es ist natürlich ein gutes und teures Handy wie ein iPhone oder ein Samsung S erforderlich, damit Sie sich auch unter Extrembedingungen darauf verlassen können und Bilder in befriedigender Qualität mit nach Hause bringen. Auch die Premium-Modelle von anderen Herstellern wie die Google-Pixel- oder die Sony-Xperia-Modelle schließen qualitativ immer dichter zu den Marktführern auf, nehmen sich allerdings kaum noch was im Preis.

Das Wichtigste beim Handy ist ein staub- und wasserdichtes Gehäuse, sonst macht es beim ersten Regenschauer schlapp. Hersteller geben dieses mit dem International Protection Code (**IP-Code**) an. Die erste Ziffer steht für Wasserschutz, die zweite für Staubschutz, je höher, desto besser. Kaufen Sie auch unbedingt ein passendes Schutzcover aus Silikon dazu, sonst überlebt das Handy die Strapazen am Berg nicht lange.

Mein Kartenmaterial habe ich in einer **Outdoor-App** gespeichert, damit ist es auch ohne Internetverbindung abrufbar. Die Navigation und Orientierung auf der Karte ist dank GPS-Signal sehr leicht möglich oder Sie verwenden gleich den Navigationsmodus mit GPS-Track, der Sie zur Campingstelle lotst. Gute Apps sind kostenpflichtig, aber das sind gute Papierkarten auch und in der Summe sparen Sie mit den Abomodellen, wenn Sie regelmäßig unterwegs sind.

## GPS-Navigation beim Bergwandern

Für die GPS-Navigation auf Bergtouren ist eine App mit Offline-Navigation und bergtauglichem, topografischem Kartenmaterial (Topo-Karten) erforderlich. Die Touren lassen sich über Browserzugriff am PC mit selbst erstellten oder importierten GPS-Routen planen. Unterwegs kann nach Installation der dazugehörigen App auf GPS-fähigen Geräten darauf zugegriffen und navigiert werden.

Der Markt für entsprechende Outdoor-Apps ist immer noch recht überschaubar und nicht alle Anbieter haben Topo-Karten für alle Wandergebiete. Zugriff auf die amtlichen Topo-Karten, die am genauesten und verlässlichsten sind, bieten derzeit Outdooractive und Locus Map.

Aktuell gibt es vier sehr gute Anbieter, wobei sich das in Anbetracht des dynamischen Marktes auch sehr schnell ändern kann:

AllTrails

▷ Jahresabo € 29,99
▷ eigene Topo-Karten
▷ App fürs Smartphone
💻 www.alltrails.com

komoot

▷ Kartenkauf pro Region € 8,99/Welt € 29,99/Jahresabo € 59,99
▷ eigene Topo-Karten
▷ Apps für Smartphone, Smartwatch und Navigationsgerät
💻 www.komoot.de

Locus Map

▷ Jahresabo ab € 10
▷ eigene Topo-Karten und amtliche Topo-Karten

- ▷ App fürs Smartphone (nur Android)
- 💻 www.locusmap.app

Outdooractive/alpenvereinaktiv.com

- ▷ Jahresabo ab € 30
- ▷ eigene Topo-Karten und amtliche Topo-Karten
- ▷ Apps für Smartphone und Smartwatch
- 💻 www.outdooractive.com und www.alpenvereinaktiv.com

Doch damit nicht genug, das Smartphone unterstützt Sie mit weiteren Funktionen bei Ihrem Outdoorabenteuer: Im Nachtlager hilft Ihnen die Taschenlampenfunktion, die sich im Schnellzugriffsmenü befindet. Langeweile überbrücken Sie mit einer E-Book-App wie tolino und Notizen machen Sie mit einer Dokumenten-App wie Google Docs, auch das funktioniert bei vielen Anbietern alles offline. Morgens weckt Sie der Handywecker, damit Sie den Wandertag nicht verpassen.

Der größte Nachteil an der Geschichte: Ihr Smartphone ist 24 Stunden in Betrieb. Gerade der GPS-Modus saugt sehr viel Akku. Für die GPS-Navigation ist es daher eine gute Option, eine **Smartwatch** mitzunehmen. So wird Ihr Handyakku geschont und die neuesten Uhren können mit einer Akkuladung bis zu 20 Stunden navigieren. Es sind grundsätzlich alle Uhren verwendbar, die ein mit Android oder iOS kompatibles Betriebssystem haben. So können Sie die App zur GPS-Navigation darauf installieren. Mittlerweile bieten alle Handyhersteller Smartwatches an, die sich leicht mit ihren Smartphones koppeln lassen. Daneben gibt es auch gute Hersteller, die sich darauf spezialisiert haben und herausragende, aber auch teure Uhren herstellen, wie Suunto, Mobvoi und Garmin.

Da Sie auf die Elektronik stark angewiesen sind und damit Ihnen in der Wildnis nicht der Saft ausgeht, brauchen Sie neben dem passenden Ladekabel auch eine gute **Powerbank** auf Ihrer Packliste. Sie werden feststellen, dass es Powerbanks mit maximal 26.800 Miliamperestunden (mAh) zu kaufen gibt. Größere Akkus stellen ein Sicherheitsrisiko dar und sind deshalb vielerorts verboten, zum Beispiel im Flugzeug. Sie können zwei solcher Powerbanks pro Person im Handgepäck mitnehmen. Das ist dann aber auch mehr als genug, da Sie mit einer Powerbank Ihr Handy viele

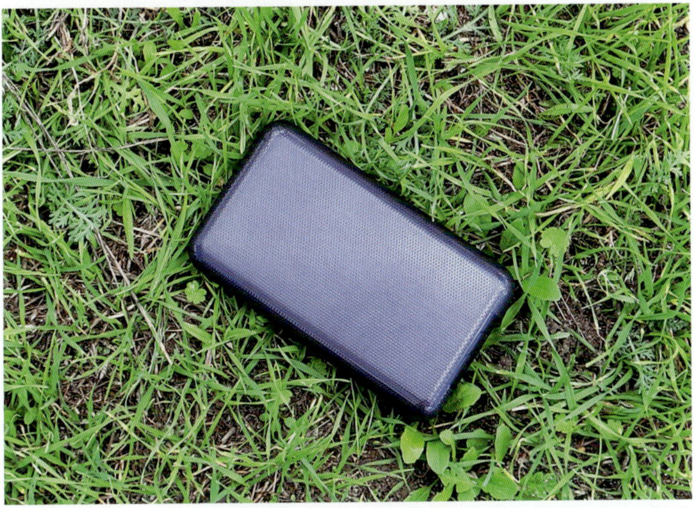

*Moderne Powerbanks sind sehr leicht und handlich*

Male aufladen können. Wie oft genau, hängt sehr von Ihrem Modell ab. Es brauchen nicht unbedingt teure Markenprodukte wie von Anker sein. Im Fachhandel, auf Amazon und Co. finden Sie weitaus preisgünstigere Powerbanks, die ihren Zweck erfüllen.

Wenn Sie an einer Steckdose vorbeikommen, sollten Sie natürlich Powerbank und Smartphone aufladen. Das geht am schnellsten mit einem **65-Watt-Ladegerät**. Die sind ein bisschen teurer als die Standardladegeräte, aber es lohnt sich für die Zeitersparnis beim Aufladen. Auch hier werden Sie leicht in den Elektronikfachmärkten oder im Onlinehandel fündig.

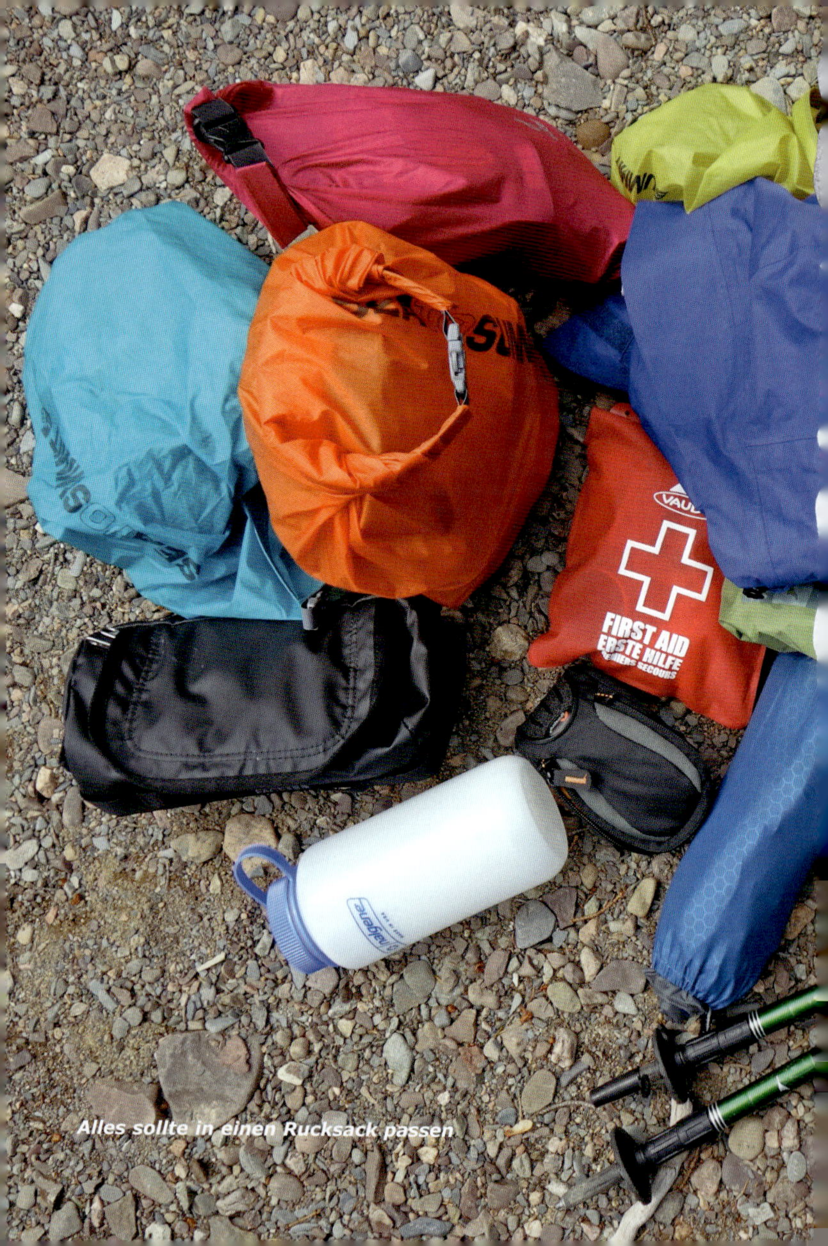


Alles sollte in einen Rucksack passen

# Wildcampingpackliste auf einen Blick

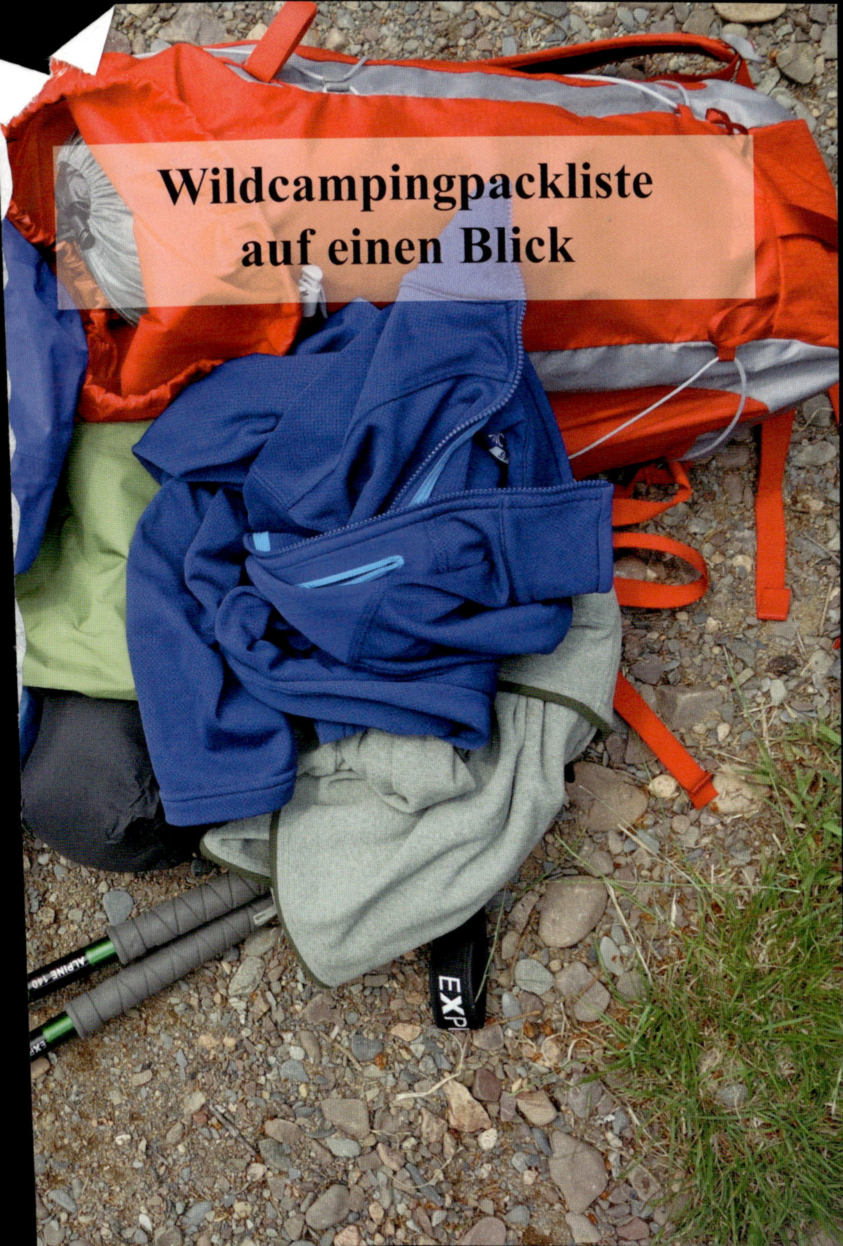

Im vorhergehenden Kapitel bin ich sehr ausführlich darauf eingegangen, welche Herausforderungen Ihre Ausrüstung meistern sollte und was bei den einzelnen Artikeln zu beachten ist. Ich schließe diesen Ratgeber mit einer Übersicht aller Artikel ab, die Sie auf Ihrer Wildcampingpackliste benötigen.

Da Sie Ihr gesamtes Hab und Gut für unterwegs auf dem eigenen Rücken tragen, achten Sie dringend auf ein geringes Packgewicht. Als Faustregel kann ein absolutes Maximum von 20 % des Körpergewichts gelten, Sie sollten aber in Ihrem eigenen Interesse eher 10 % anstreben. Ihr Rücken und Ihre Gelenke werden es Ihnen danken.

Wählen Sie daher Dinge für mehrere Einsatzzwecke, anstatt alles einzeln mitzunehmen. Kleidung aus Funktionstextilien lässt sich leicht zwischendurch waschen, sodass Sie kaum Wechselklamotten benötigen.

Diese Artikel zählen zur **Basisausrüstung** für das Bergwandern:

- ☐ Wanderschuhe mit Dämpfung, rutschfester Sohle und wasserdichtem Obermaterial
- ☐ an Zehen und Fersen gepolsterte Socken, um Blasenbildung und Druckstellen zu vermeiden
- ☐ Unterhosen aus schnell trocknendem Material
- ☐ T-Shirts aus schnell trocknendem Material und idealerweise mit nachgewiesenem UV-Schutz
- ☐ Regenjacke
- ☐ wärmende Isolationsjacke mit Kapuze
- ☐ Wanderhose mit abzippbaren Beinen
- ☐ Sonnenmütze/Sonnenhut
- ☐ Sonnenbrille
- ☐ Trekkingstöcke mit Teleskopstangen für steile Passagen sowie den Zeltaufbau
- ☐ Rucksack mit wasserdichtem Obermaterial bzw. Regenhülle, gepolstertem Hüftgurt und ca. 45 Litern Volumen
- ☐ wasser- und luftdichte Packsäcke für Flüssigkeiten, Schmutzwäsche und Abfälle
- ☐ wasserdichte Dokumententasche für Reisepass etc.

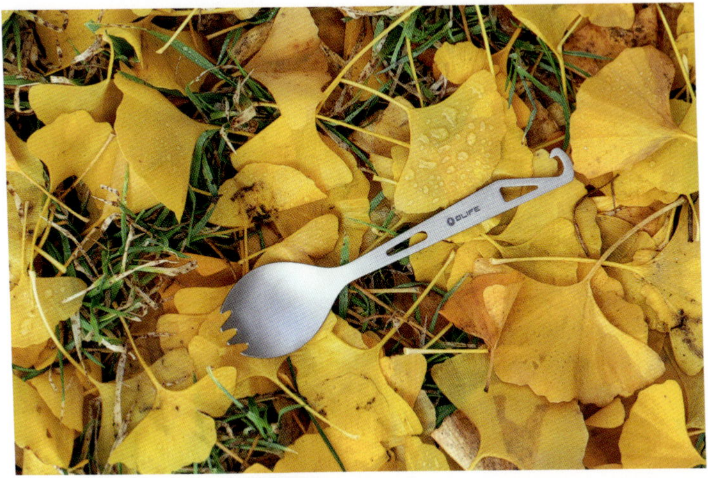

*Ein Spork ist eine Mischung aus Gabel und Löffel und für alle Mahlzeiten geeignet*

- ☐ Taschenmesser mit Schere und Pinzette für alles von der Essenszubereitung bis zur Körperpflege
- ☐ Flasche mit Volumen von 1,5 Litern zum Trinken und für die Flaschendusche
- ☐ Papiertaschentücher
- ☐ Deodorant
- ☐ biologisch abbaubare Zahnpasta
- ☐ Zahnbürste
- ☐ Sonnenschutzmittel mit mindestens UV-Schutz-Faktor 50
- ☐ Blasenpflaster für den Fall der Fälle
- ☐ Kohletabletten gegen Durchfall
- ☐ Wundspray zur Desinfektion und Befeuchtung bei Verletzungen
- ☐ Erste-Hilfe-Set mit Rettungsdecke, Verbandszeug, Pflaster etc.
- ☐ Smartphone für eine wachsende Zahl an Einsatzzwecken, von Notrufen über Organisation von Unterkünften und Transport, GPS-Navigation, Taschenlampe und Kamera bis hin zum Wecker; optional mit einer Smartwatch oder einem GPS-Gerät ergänzen

- ☐ Ladegerät mit mindestens 65-Watt-Leistung für schnellstmögliches Aufladen
- ☐ Ladekabel
- ☐ Powerbank mit mindestens 20.000-mAh-Ladekapazität, da Sie Ihr Handy oft zwischendurch nachladen müssen
- ☐ Energieriegel für zwischendurch

Für das **Camping und Wildcamping** benötigen Sie zusätzlich folgende Dinge:

- ☐ Trekkingzelt, das über die Trekkingstöcke abgespannt wird
- ☐ Zeltheringe
- ☐ Drei-Jahreszeiten-Schlafsack

*Mit einer Wäscheleine brauchen Sie nur wenige Wechselklamotten mitzunehmen*

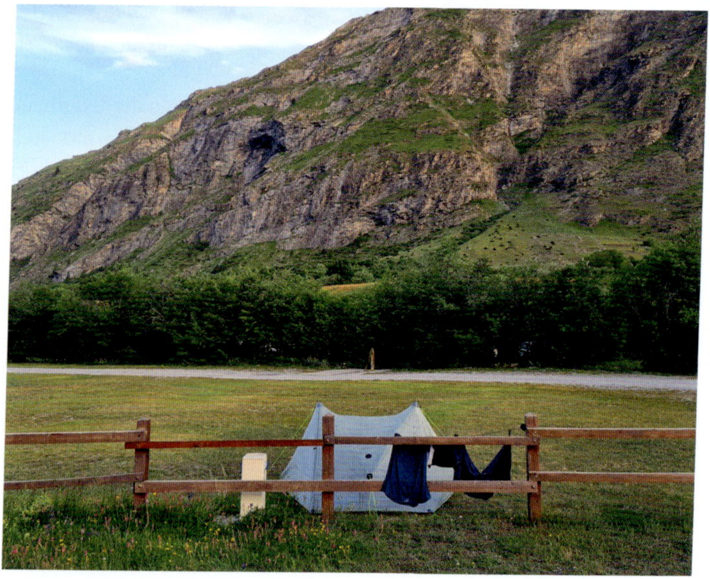

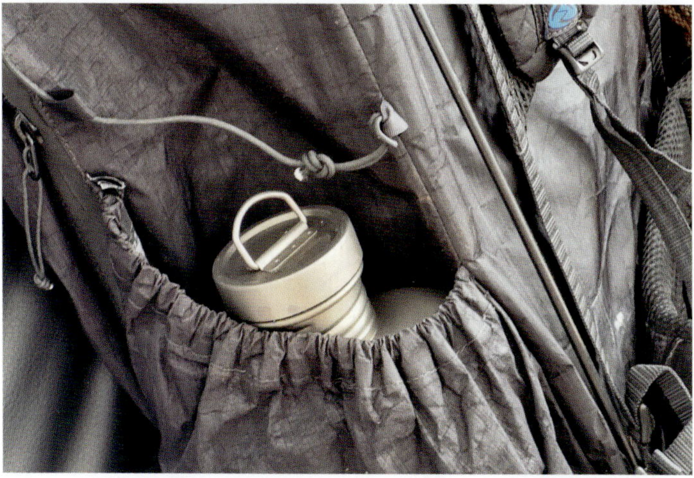

*Eine robuste Trinkflasche ist einer der wichtigsten Gegenstände auf der Packliste*

- ☐ Isomatte
- ☐ biologisch abbaubare Reiseseife für Körper, Kleidung und ggf. Geschirr
- ☐ Mikrofaserhandtuch, das kaum Gewicht hat und schnell trocknet
- ☐ Reisewäscheleine
- ☐ Gaskocher
- ☐ Gaskartusche mit Schraubverschluss, die beliebig oft an- und abmontiert werden kann
- ☐ Koch-/Essgeschirr
- ☐ Spork (Mischung aus Löffel und Gabel) für alle Mahlzeiten
- ☐ gefriergetrocknete Trekkingnahrung
- ☐ ggf. Trowel (Handschaufel) für das Vergraben von Fäkalien
- ☐ ggf. Wasserbeutel für den Wassertransport in sehr trockenen Regionen

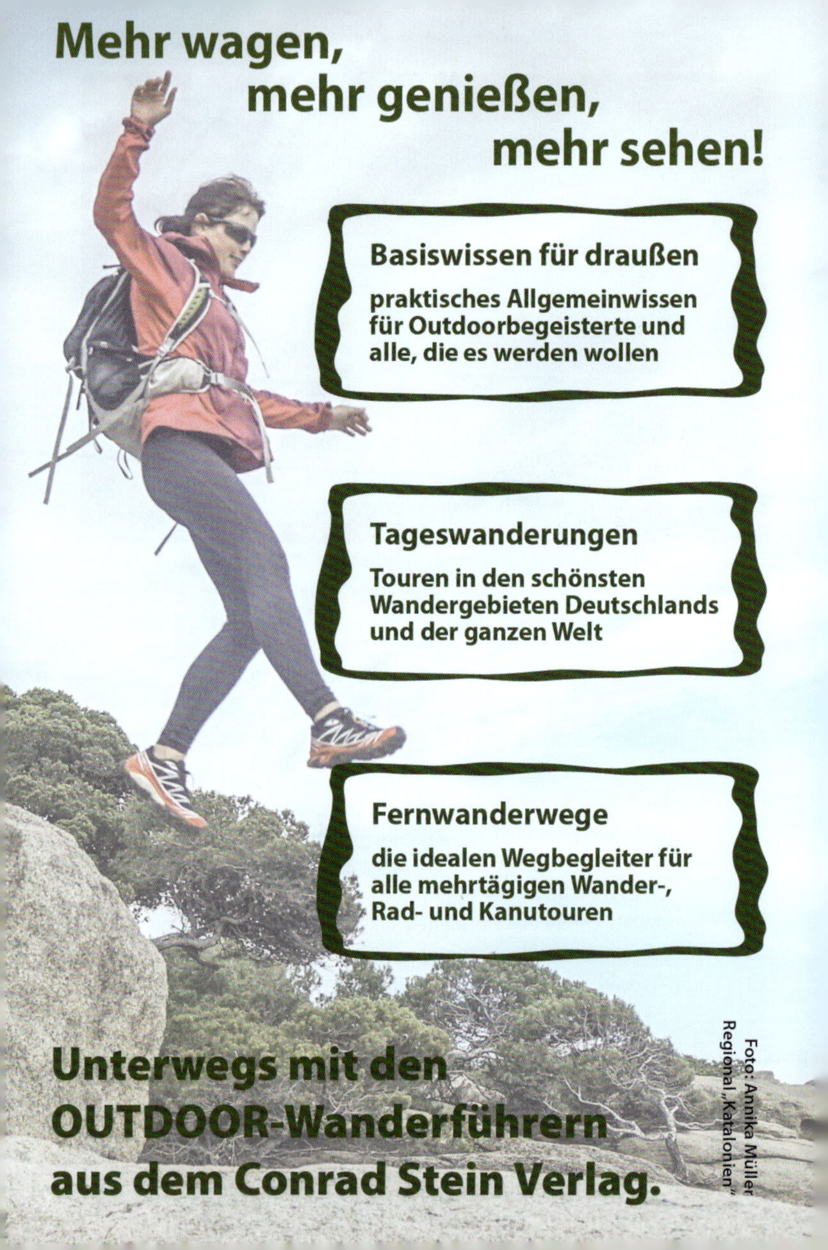
Mehr wagen,
mehr genießen,
mehr sehen!
Basiswissen für draußen
praktisches Allgemeinwissen für Outdoorbegeisterte und alle, die es werden wollen
Tageswanderungen
Touren in den schönsten Wandergebieten Deutschlands und der ganzen Welt
Fernwanderwege
die idealen Wegbegleiter für alle mehrtägigen Wander-, Rad- und Kanutouren
Unterwegs mit den OUTDOOR-Wanderführern aus dem Conrad Stein Verlag.
Foto: Annika Müller
Regional „Katalonien“

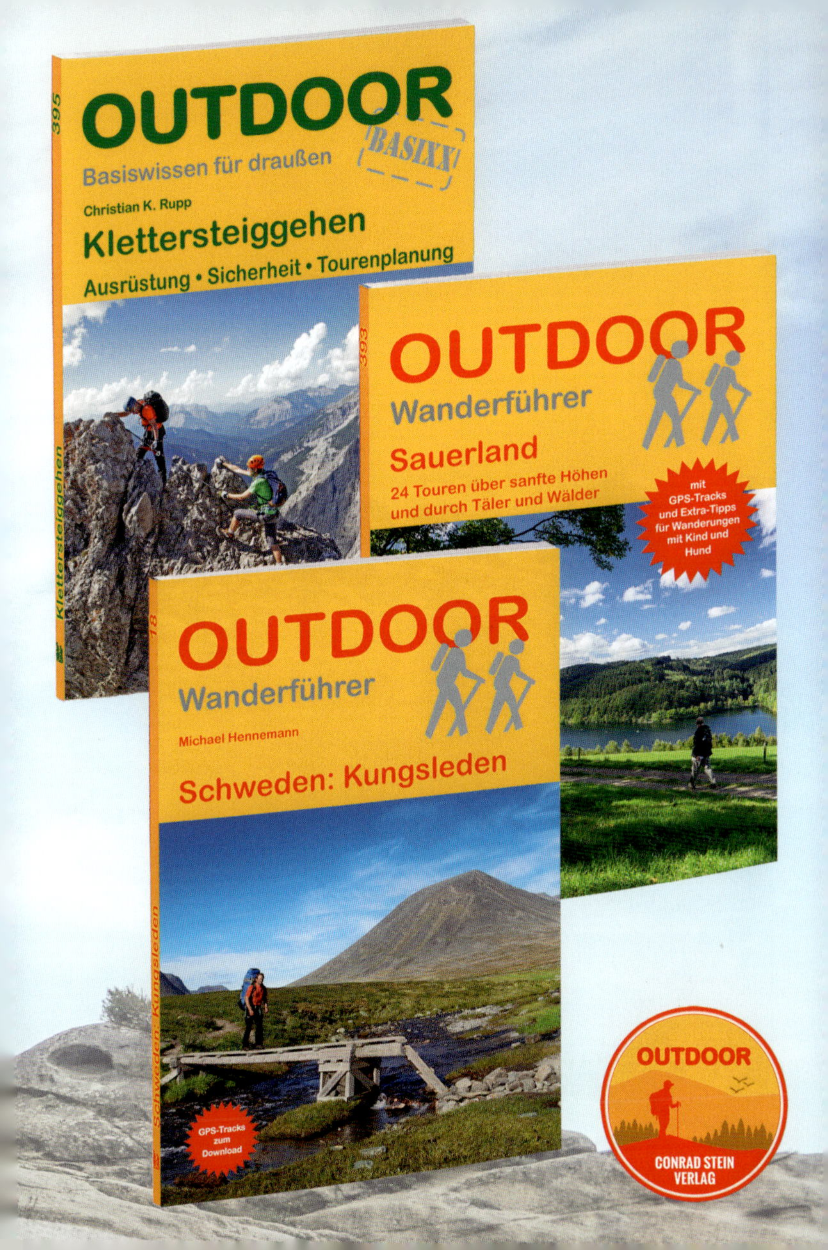

395
OUTDOOR
BASIXX
Basiswissen für draußen
Christian K. Rupp
Klettersteiggehen
Ausrüstung • Sicherheit • Tourenplanung
Klettersteiggehen
393
OUTDOOR
Wanderführer
Sauerland
24 Touren über sanfte Höhen und durch Täler und Wälder
mit GPS-Tracks und Extra-Tipps für Wanderungen mit Kind und Hund
18
OUTDOOR
Wanderführer
Michael Hennemann
Schweden: Kungsleden
Schweden: Kungsleden
GPS-Tracks zum Download
OUTDOOR
CONRAD STEIN VERLAG

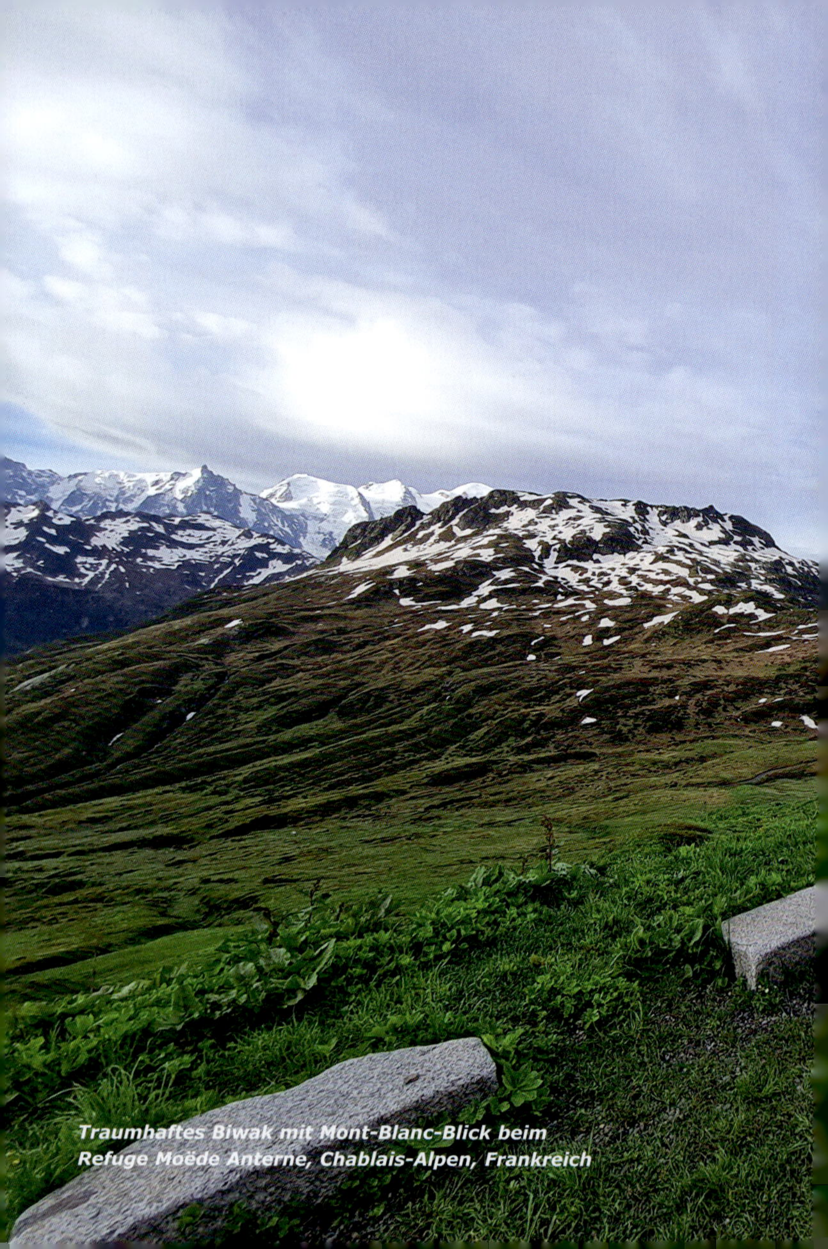

Traumhaftes Biwak mit Mont-Blanc-Blick beim Refuge Moëde Anterne, Chablais-Alpen, Frankreich

# Index

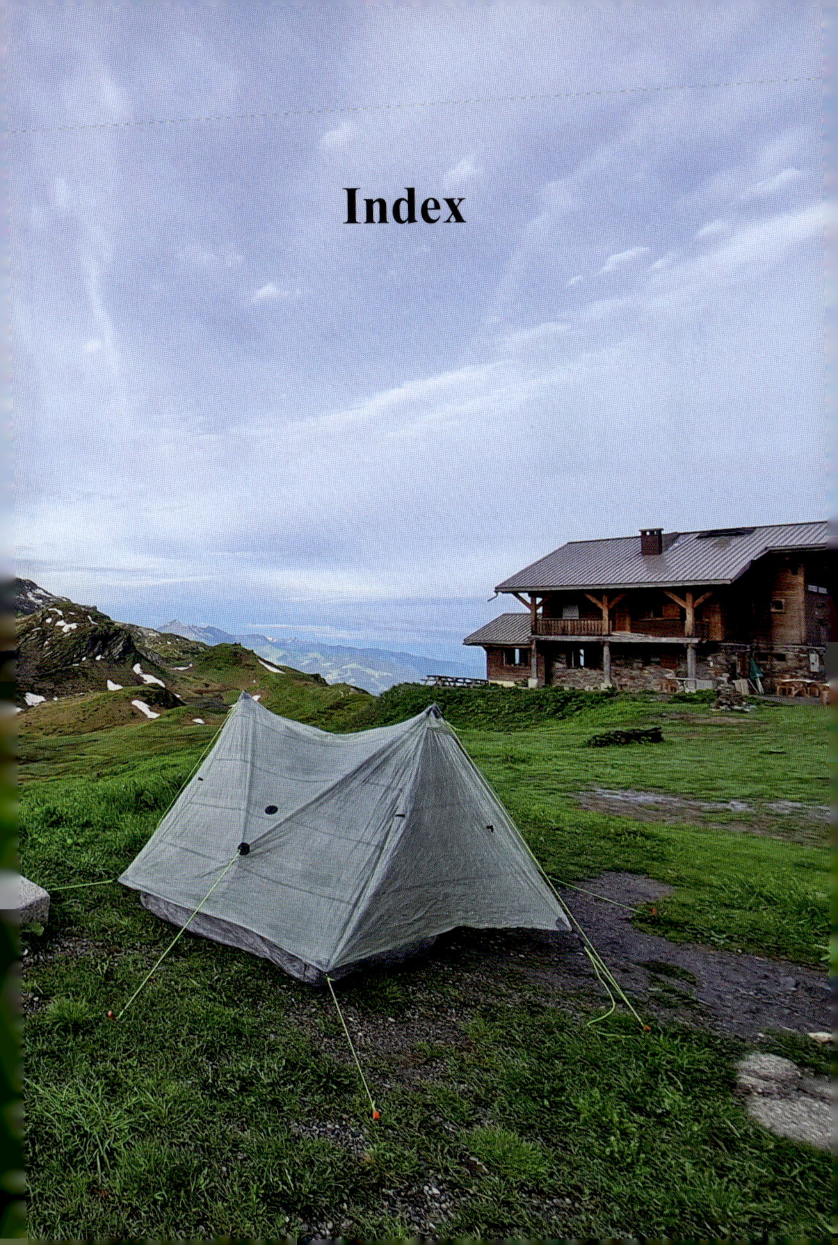

## I/J



## K



## L



## M



## N



## O/P/Q



## R



## S